Research on the Intra-Product
Specialization in East Asia:

Based on the Perspective of
Motivation and Stability

东亚产品内分工研究
——基于动因与稳定性视角

韩金红 / 著

ZHEJIANG UNIVERSITY PRESS
浙江大学出版社

图书在版编目(CIP)数据

东亚产品内分工研究：基于动因与稳定性视角/ 韩金红著.—杭州：浙江大学出版社，2016.7
ISBN 978-7-308-15420-8

Ⅰ.①东… Ⅱ.①韩… Ⅲ.①产品—国际分工—研究—东亚 Ⅳ.①F114.46

中国版本图书馆 CIP 数据核字（2015）第 301908 号

东亚产品内分工研究
——基于动因与稳定性视角

韩金红　著

责任编辑	曾　熙
责任校对	赵黎丽
出版发行	浙江大学出版社
	（杭州市天目山路 148 号　邮政编码 310007）
	（网址：http://www.zjupress.com）
排　　版	杭州林智广告有限公司
印　　刷	杭州日报报业集团盛元印务有限公司
开　　本	710mm×1000mm　1/16
印　　张	12.5
字　　数	200 千
版 印 次	2016 年 7 月第 1 版　2016 年 7 月第 1 次印刷
书　　号	ISBN 978-7-308-15420-8
定　　价	35.00 元

前　言

　　二战结束后,科学技术的进步、自由贸易主义的兴起以及便利化的投资环境使得经济的全球化变得可能。经济全球化的首要特征是消费的全球化,即各国或地区通过国际或区域贸易来消费他国或地区生产的产品。与此同时,跨国或地区公司的逐渐兴起,也使得生产的全球化成为可能。伴随生产的全球化过程出现了一种新的分工形式——产品内分工。所谓产品内分工,是指将同一最终产品按照生产过程分成不同的工序,依据不同经济体的优势,将这些工序分布在不同的经济体进行专业化生产。20世纪80年代以来产品内分工迅速发展,逐渐成为国际或区域分工的主要形式。与此同时,东亚地区的产业分工也发生了很大变化。从20世纪60年代至20世纪90年代,东亚区域的产业分工逐渐从产业间分工深入到产业内分工甚至产品内分工。到现在,东亚的跨经济体分工已经深入到零部件或半成品等中间产品层面,形成了独特的产品内分工体系。

　　产品内分工尤其是东亚产品内分工的快速发展,吸引了许多学者对此进行研究。通过对现有文献的梳理,发现两个重要的问题:一是关于产品内分工的动因。对于国际或区域分工从产业间发展到产业内进而深入到产品内的现象,现有的理论缺乏一个统一的分析框架。二是关于产品内分工体系的稳定性。目前的研究尤其是关于东亚地区产品内分工体系的稳定性的研究甚少。因此,本书试图回答以下问题:东亚产品内分工快速发展的动因是什么? 如此快速发展的东亚产品内分工体系是否是稳定的? 如果不是,未来应该从哪些角度增强其稳定性? 为解决这些问题,本书一共分七个部分进行详细论述:

首先是绪论。绪论部分介绍了以下内容：本书的选题背景和意义；研究思路与方法、主要内容安排；可能的创新点与研究的不足。

第一章为文献综述。本章从三个角度进行文献的梳理。一是关于产品内分工的基础理论。梳理了来自传统贸易理论框架下的研究、来自新贸易理论框架下的研究、引入产业组织理论框架下的研究以及其他理论的相关研究，总结了现有研究的不足。二是关于产品内分工的实证研究。首先介绍了产品内分工度量方法的相关研究，说明各种度量方法的优缺点；其次梳理了现有关于东亚区域的产品内分工的实证研究和非东亚区域的产品内分工的实证研究。三是关于产品内分工体系的稳定性研究。介绍了分工体系稳定性的理论渊源、来自管理学领域关于分工体系稳定性的研究和国际或区域经济学领域关于产品内分工体系稳定性的相关研究。

第二章介绍了东亚产品内分工体系的发展及现状。本章从以下几个角度分析了东亚产品内分工的特征事实：整个东亚区域产品内分工与贸易的历史增长变化情况、东亚区域产品内分工与贸易的结构变化（即东亚区域各经济体参与产品内分工程度的变化）、东亚区域各经济体在产品内分工体系中的地位及地位的变化。

第三章研究了东亚产品内分工的动因。本章从理论和实证两个角度进行分析。首先从分工与专业化的一般理论角度分析产品内分工的动因，然后分别介绍东亚产品内分工的收益与成本来源，在此基础上分析东亚产品内分工强度的决定。最后，依据东亚从20世纪90年代至今的产品内分工发展的数据，采用面板数据模型检验东亚产品内分工与贸易的决定因素。

第四章研究了东亚产品内分工体系的稳定性。首先从理论上分析了产品内分工体系稳定运行的条件，以及影响产品内分工体系稳定性的因素。然后抓住影响东亚产品内分工体系稳定性的两个因素来具体分析：一是产品内分工属于垂直专业化分工，垂直专业化分工由于其分工特性，与水平分工相比，具有天然的不稳定性。二是东亚产品内分工体系得以完成，是以高度的区域外市场需求依赖为条件的，也就是说分工的生产在区域内完成而消费主要在区域外进行，这使得整个产品内分工体系始终受制于外部需求，只要外部需求变动，整个分工体系就会发生变动。这里，第一个特征属于内在因素，第二个特征属于外在因素。本章详细分析了这两个特征给东亚产品内分工体系带来的风险。

　　第五章研究了增强东亚产品内分工体系稳定性的战略方向选择。针对第五章的分析本章提出了相应的解决方案,认为未来应该从扩大东亚区域产业内水平分工以及扩大东亚区域对最终产品的需求等两个角度去改善当前状况。并且在分析东亚产业内水平分工的决定因素和东亚对最终产品需求的决定因素的基础之上提出了一些政策建议。

　　第六章是本书的结论以及未来的研究展望。

CONTENTS 目　录

绪　论

第一节　问题的提出

一、问题的提出

二战结束后,科学技术的进步、自由贸易主义的兴起以及便利化的投资环境使得经济的全球化变得可能。经济全球化的首要特征是消费的全球化,即各国或地区通过国际或区域贸易来消费他国或地区生产的产品,与此同时,跨国或地区公司的逐渐兴起,也使得生产的全球化成为可能。生产的全球化表现为跨国或地区公司根据产品的价值链进行全球资源配置,将价值链的不同环节分配在全球不同的区位进行生产,然后通过国际或区域贸易(中间产品贸易)进行资源的整合,最后才生产出最终产品。伴随这种生产的全球化过程出现了一种新的国际或区域分工形式——产品内分工。所谓产品内分工(Intra-product Specialization),是指将同一最终产品的生产过程分割成相互联系的工序或环节,并将其分布在不同的国家或地区进行专业化生产[①]。这种国际或区域分工形式的出现,使得国际或区域贸易的对象由最终产品变为中间产品,国际或区

[①]　关于产品内分工还有很多其他的术语表达。典型的有垂直专业化(Vertical Specialization)分工(Hummels,2001)、外包(Outsourcing)、生产的分散化(Production fragmentation)等。这些术语虽然表达不同,但其内涵基本相同,因此本书此后不加区分。

域分工更加深入。

20 世纪 80 年代以来产品内国际或地区间分工迅速发展,逐渐成为国际或地区间分工的主要形式。产品内国际或地区间分工形式的出现,促进了全球贸易的快速发展,甚至出现了非线性化的增长[①]。受经济全球化的影响,东亚地区[②]的经济发展也产生了很大变化。从 20 世纪 60 年代至 20 世纪 90 年代,东亚区域的产业分工逐渐从产业间分工深入到产业内分工甚至产品内分工。二战结束后至 20 世纪 60 年代,东亚区域各经济体依据比较优势,在日本与东亚其他经济体之间形成工业制成品和初级产品之间的产业间分工格局。20 世纪 70 年代至 90 年代,日本逐渐向海外转移边际产业,东亚发展中经济体相继推行工业制成品出口导向战略,承接由日本转移出来的边际产业,并且形成日本、东亚新兴工业经济体、东盟和中国等在工业制成品内部进行梯度产业转移的"雁阵模式"(Geese-Flying Pattern),在此基础上东亚各经济体在工业制成品部门内部的分工得到了快速发展。20 世纪 90 年代开始,东亚曾经一度盛行的"雁行模式"开始瓦解,出现了新的变化——零部件和中间产品贸易的快速扩大。越来越多的产品生产被划分为多个生产工序,在跨国界或跨地区的不同区位进行不同生产环节的加工。到现在,东亚的跨国或跨地区分工已经逐渐从最终产品层面深入到零部件或半成品等中间产品层面,形成了独特的产品内分工体系。从区域贸易占世界贸易百分比来看,在世界零部件贸易最活跃的三个区

---

① Kei-Mu Yi(2003)详细论述了这种全球贸易的非线性增长现象,并且对这种现象进行了解释。Kei-Mu Yi 发现,二战以后全球贸易占产出份额的增长的两种特征向传统标准贸易模型提出了挑战:首先,增长通常被认为是由于世界范围内的关税壁垒的下降导致的。从 20 世纪 60 年代早期起,关税只下降了大约 11 个百分点,但在此期间世界制造业的出口占 GDP 的比重却增长了 3.4 倍。如果不假设与事实违背的货物之间的巨大替代弹性,标准贸易模型不能解释贸易的这种增长现象。其次,在 20 世纪 80 年代之前的关税下降比其后的要大得多,但是前期的贸易增长却比后期的要小得多。1962—1985 年间,世界出口贸易对于关税变动的弹性系数为 7,而 1986 年到 1999 年世界出口对于关税变动的弹性系数迅速上升为 50。他将这种贸易增长现象称为"非线性的贸易增长"。随后,他运用扩展的两国(地区)动态李嘉图模型,解释了该种现象,认为垂直专业化分工导致了关税下降的非线性贸易反应,并且它能解释世界贸易增长值的 50%。

② 本书所提及的东亚具体经济体依据东亚产业经济研究所的界定,包括日本、中国大陆、中国香港、韩国、中国台湾、新加坡、印度尼西亚、马来西亚、菲律宾、泰国、文莱、柬埔寨、越南。但是,具体在做实证分析时,由于数据的可得性,通常只考虑日本、中国大陆、中国香港、韩国、新加坡、印度尼西亚、马来西亚、菲律宾、泰国、越南等 10 个经济体。

域——东亚、北美自由贸易区和欧盟中,1990—2010 年间,东亚地区的零部件贸易量增长最快。1990 年,东亚地区占世界零部件贸易的比重仅为 26.9％,到 2010 年该比例迅速上升为 46.3％,几乎为世界零部件贸易量的一半,已经成为世界零部件贸易量最大的区域①。参与全球产品内分工成为东亚经济体尤其是发展中经济体继续发展的动力。产品内分工的出现为东亚发展中经济体融入跨国或跨地区公司的价值链提供了机会。东亚地区的经济在产品内分工与贸易的快速发展下从 20 世纪 90 年代至今仍然持续增长。

　　产品内分工尤其是东亚产品内分工的快速发展,吸引了许多学者对此进行研究。国内外(尤其是国外)关于该问题的研究文献不断涌现,大大丰富了国际经济学的内容。国内外学者从不同角度研究了产品内分工相关问题,如关于产品内分工的动因;产品内分工的度量;产品内分工的运作机制;产品内分工与贸易产生的经济效应,包括这种分工形式下对不同贸易伙伴的福利水平的影响以及对整个社会福利水平的影响,也包括对技术水平的影响、对不同参与成员收入水平差距的影响等。

　　就在产品内分工与贸易以不可阻挡之势快速发展之时,2008—2009 年金融危机全面爆发,期间全球贸易量迅速萎缩,世界实际贸易值下降 15.8％,世界实际 GDP 值下降 3.7％②。在东亚地区这种差别更加明显。东亚地区的各经济体的进口额和出口额均大幅度下降。与 2008 年相比,出口金额下降最大的是中国大陆,达到 2580 亿美元,比 2007 年减少了 17.07％;出口下降幅度最大的是中国香港,下降了 30.29％;进口金额下降最大的是日本,达到 2063 亿美元,比 2007 年减少 28.09％;进口下降幅度最大的是越南,达到 91.90％③。但与此同时,如表 0 - 1 所示,东亚各经济体的实际产出变动幅度要小得多,甚至有一半经济体的实际产出并没有下降仍在增加。一些学者将这种现象称为贸易"崩溃"(Rudolfs Bems,Robert Johnson & Kei-Mu Yi,2009),表现为金融危

---

①　此部分的数据根据东亚产业经济研究所网站(http：//www. rieti-tid.com)数据进行计算整理所得,具体数据的表格和图形如本书第二章表 2-1 和图 2-1 所示。

②　Rudolfs Bems,Robert Johnson,Kei-Mu Yi. The role of vertical linkages in the propagation of the global downturn of 2008[J]. IMF Economic Review,2010,58(2)：295 - 326。

③　这里的数据均依据 RIETI - 2011(日本产业经济研究所数据库)计算整理,各经济体的具体贸易变动数据见第四章的表 4 - 13。

机对贸易的放大效应,并且认为,这种放大效应是由产品内分工与贸易引起的(也称为垂直专业化分工与贸易)。究竟产品内分工与贸易是不是引起 2008 年金融危机期间全球尤其是东亚地区的贸易大幅度下滑的原因呢?如果是,那么这种分工形式是如何传递金融危机的?这种分工体系的稳定性受什么因素的影响?东亚地区的产品内分工体系是否稳定?如何增强东亚产品内分工体系的稳定性⋯⋯这些都是值得研究的问题。

表 0 - 1 2008—2009 年东亚各经济体的实际 GDP 变动情况

东亚各经济体	实际 GDP(以 2000 年为基期,单位为亿美元)		2009 年与 2008 年相比变动百分比(%)
	2008 年	2009 年	
中国大陆	26900	29400	9.3
中国香港	2460	2400	−2.4
印度尼西亚	2470	2590	4.9
日本	51600	48800	−5.4
韩国	7510	7540	0.4
马来西亚	1390	1370	−1.4
菲律宾	1190	1200	0.8
新加坡	1460	1440	−1.4
泰国	1780	1740	−2.2
越南	559	588	5.2

数据来源:东亚各经济体的数据直接来源于联合国数据库世界发展指标(WDI)的数据,变动百分比依据该数据计算整理。

二、研究意义

(一)理论意义

关于产品内分工的研究方向很多,而关注于产品内分工基础与动因的理论研究一直是热点。目前这些研究大致可以分为两类:一类是源于国际贸易理论的研究,包括传统贸易理论和新贸易理论的扩展。扩展的方法是将传统国家贸易理论中的比较优势理论(如李嘉图模型和 H - O 模型)和新贸易理论中的规模经济等理论进行延伸,把研究对象由最终产品变为中间产品。基本结论是比较优势决定了不同生产阶段的国别(地区)分工结构,而规模经济强化了这种分工。另一类是基于产业组织理论的研究。在产品内国际或地区间分工中,企业作为决策主体会面临组织形式的选择——选择一体化还是选择外包,这是新的问题。产业组织理论中的不完全契约理论正好可以借鉴用来解决这个问题。利用不完全契约理论分析产品内分工与贸易的出现及其模式选择为产品内分工的理论研究开辟了一个新的思路。

但是,从现有研究来看,一个突出的缺陷是缺乏统一的分析框架。目前关于产品内分工,概念不统一,相关理论比较杂乱,不能跻身主流理论之列。从国际或地区间分工与贸易的演变历史来看,到目前为止,已经经历了从产业间贸易到产业内贸易再到产品内贸易的历史,但是,这三种国际或地区间分工形式的基础理论却没有一脉相承。产业内国际或地区间分工与贸易理论主要考虑的是规模经济,它与古典和新古典国际分工贸易理论没有联系,自成一体,并且对现实解释力不够。而产品内国际或地区间分工和贸易的理论研究关注的主要是跨境公司如何进行最终产品不同工序的区位选择、选择的结果会给各国或地区福利带来什么变化等问题,没有从分工基础这一个理论范围建立起一个清楚说明国际或地区间分工从产业间演变到产品内的逻辑一致的分析框架。国内学者蒲华林(2009)构建了一个"要素禀赋差异—专业化经济—交易效率"(E-S-E)的分析框架来解释国际或地区间分工从产业间到产品内演变的原理。但他的分析既没有严格的逻辑证明,也没有经过实证检验,因此,仅仅是一种尝试。

本书在梳理产品内分工各种研究的基础上,从分工与专业化的一般理论角度对产品内分工的动因进行解释。同时,利用现有的数据,对该理论进行计量检验,也为产品内分工理论提供进一步的经验证据。

（二）实际意义

产品内国际或地区间分工的迅速发展为各国或地区经济的紧密相连提供新的途径,也为经济冲击在各国或地区之间提供了真实的传递机制(Kei-Mu Yi,2009)。20世纪90年代以来东亚的产品内国际或地区间分工体系的快速发展,促进了东亚各经济体的经济增长与就业,但与此同时,东亚产品内分工体系本身的某些特质——如垂直专业化分工的内在特性、对外部最终产品市场的高度依赖——使得这个体系具备不稳定性,致使各经济体的经济易于波动,给各经济体经济增长也带来不确定性。从区域经济长期可持续发展的角度来看,应该改善目前的状况。虽然一个地区的分工形式是千千万万的不同经济体的企业在内部和外部环境下实现利润最大化的个体选择结果,政府无法直接改变,但是政府可以通过改变政策环境使企业决策进行倾斜甚至改变。本书期望通过现有的东亚产品内分工体系的稳定性的分析,讨论东亚当前产品内分工体系不稳定的因素,说明增强东亚区域产品内分工体系稳定性的战略方向,为东亚区域各经济体的政府的合作与发展提供参考意见。

第二节 研究思路、方法、主要内容和结构安排

一、研究思路与方法

本书先梳理了现有关于产品内分工的文献,包括产品内分工动因的相关理论,产品内分工的实证研究,产品内分工的度量以及产品内分工稳定性的研究。

通过文献的梳理,发现两个重要的问题:一是关于产品内分工的动因,现有的理论存在缺陷,对于国际或区域分工从产业间发展到产业内进而深入到产品内的现象,缺乏一个统一的分析框架。二是关于产品内分工体系的稳定性研究尤其是对东亚地区的产品内分工体系的稳定性的研究甚少。因此,本书试图回答以下问题:东亚产品内分工快速发展的动因是什么?如此快速发展的东亚产品内分工体系是否是稳定的?如果不是,未来应该从哪些角度增强其稳定性?为解决这些问题,本书采取规范分析与实证分析结合的方法进行。全书遵循给出现象—解释现象—提出现象中存在的问题—解决问题的思路进行。

本书首先介绍东亚当前产品内分工的特征事实,并分析了各经济体在产品内分工体系中所处的地位。这部分主要利用数据库的数据进行经验分析。

接下来试图从分工与专业化的一般理论来分析产品内分工的动因。先从理论上解释为什么东亚地区的产品内分工与贸易从 20 世纪 90 年代以来能快速发展。这部分主要采取规范分析方法。然后利用现实数据对该理论进行佐证,采取实证分析方法检验了东亚产品内分工与贸易的影响因素。

在回答完东亚产品内分工与贸易快速发展的原因之后,本书紧接着分析该产品内分工体系的特征及特征引起的分工体系的稳定性,主要从宏观角度分析产品内工序生产企业所在经济体由于参与产品内分工引起的经济波动问题。这部分也采取规范分析与实证分析相结合的方法进行。先从理论上分析东亚产品内分工体系的特征引起不稳定性的原因,然后采取实证分析方法进行检验。

最后就如何增强东亚产品内分工体系的稳定性提出了未来的方向选择。这部分主要采取规范分析方法说明为什么扩大产业内水平分工和扩大区域内对最终产品的需求能增强东亚区域的稳定性,然后就如何扩大东亚产业内水平分工和区域性内需提出了些许建议。对于如何扩大东亚产业内水平分工,先从理论上分析了哪些因素影响产业内水平分工,然后提出意见和建议,这部分主要是规范分析。对于如何扩大东亚区域性的内需,先采用实证分析的方法说明影响东亚区域性内需的因素,然后针对研究结论提出意见和建议。

二、主要内容和逻辑结构

本书共分成七个部分:

首先是绪论。这部分介绍了以下内容:本书的选题背景和意义;研究思路与方法、本书的主要内容安排;可能的创新点与研究的不足。

第一章为文献综述。本章从三个角度进行文献的梳理。一是关于产品内分工的动因理论。梳理了源于传统贸易理论的研究、源于新贸易理论的研究、引入产业组织理论框架下的研究以及其他理论的相关研究,总结了现有研究的不足。二是关于产品内分工的实证研究。首先介绍了产品内分工度量方法的相关研究,说明各种度量方法的优缺点;其次梳理了现有关于东亚区域的产品内分工的实证研究和非东亚区域的产品内分工的实证研究。三是关于产品内分工体系的稳定性研究。介绍了分工体系稳定性的理论渊源、来自管理学领域关于分工体系稳定性的研究和国际或区域经济学领域关于产品内分工体系稳定性的相关研究。

第二章介绍了东亚产品内分工体系的发展及现状。本章从以下几个角度分析了当前东亚产品内分工的特征事实:整个东亚区域产品内分工与贸易的历史增长变化情况、东亚区域产品内分工与贸易的结构变化（即东亚区域各经济体参与产品内分工程度的变化）、东亚区域各经济体在产品内分工体系中的地位及地位的变化。

第三章研究了东亚产品内分工的动因。从理论和实证两个角度进行分析。首先从分工与专业化的角度分析产品内分工的动因，然后分别介绍东亚产品内分工的收益与成本来源，在此基础上分析东亚产品内分工强度的决定因素。最后，依据东亚1990—2010年间的产品内分工变化发展的数据，采用面板数据模型检验东亚产品内分工与贸易的决定因素。

第四章研究了东亚产品内分工体系的稳定性。首先从理论上分析了产品内分工体系稳定运行的条件，以及影响产品内分工体系稳定性的因素。然后抓住影响东亚产品内分工体系稳定性的两个因素来阐明以下问题：（1）产品内分工属于垂直专业化分工，垂直专业化分工由于其分工特性，与水平分工相比，具有天然的不稳定性。（2）东亚产品内分工体系得以完成，是以高度的区域外市场需求依赖为条件的，也就是说分工的生产在区域内完成而消费主要在区域外进行，这使得整个产品内分工体系始终受制于外部需求，只要外部需求变动，整个分工体系就会发生变动。这里，第一个特征属于内在因素，第二个特征属于外在因素。本章详细分析了这两个特征给东亚产品内分工体系带来的风险。

第五章研究了增强东亚产品内分工体系稳定性的战略方向选择。如第五章所述，由于某些因素导致东亚产品内分工体系具备不稳定性，未来从哪些方面去增强其稳定性呢？针对第五章的分析本章提出了相应的解决方案，认为未来应该从扩大东亚区域产业内水平分工以及扩大东亚区域对最终产品的需求等两个角度去改善当前状况。并且在分析东亚产业内水平分工的决定因素和东亚对最终产品需求的决定因素的基础之上提出了一些政策建议。

第六章给出了全书的结论，并且提出未来进一步研究的问题。

全书内容的逻辑结构如图0-1所示。

```
┌─────────────┐
│    绪论      │
└─────────────┘
        ↓
┌─────────────┐
│   文献综述    │
└─────────────┘
        ↓
┌──────────────────────┐
│  东亚产品内分工的特征事实  │
└──────────────────────┘
        ↓
┌──────────────────────┐
│  东亚产品内分工的动因     │
└──────────────────────┘
```

┌──────────────┐   ┌──────────────┐
│   理论分析   │   │   实证分析   │
└──────────────┘   └──────────────┘

┌──────────────────────────────┐
│ 东亚产品内分工体系的稳定性分析   │
└──────────────────────────────┘

┌──────────────┐   ┌──────────────┐   ┌──────────────┐
│ 产品内分工体系 │   │ 垂直专业化导致的 │   │ 对外部市场的依赖 │
│ 稳定运行的条件 │   │ 分工体系不稳定 │   │ 导致的分工体系不 │
│ 及影响因素   │   │   │   │ 稳定   │
└──────────────┘   └──────────────┘   └──────────────┘

┌──────────────────────────────────┐
│ 增强东亚产品内分工体系稳定性的方向选择   │
└──────────────────────────────────┘

┌──────────────────────┐
│   结论与未来研究展望   │
└──────────────────────┘

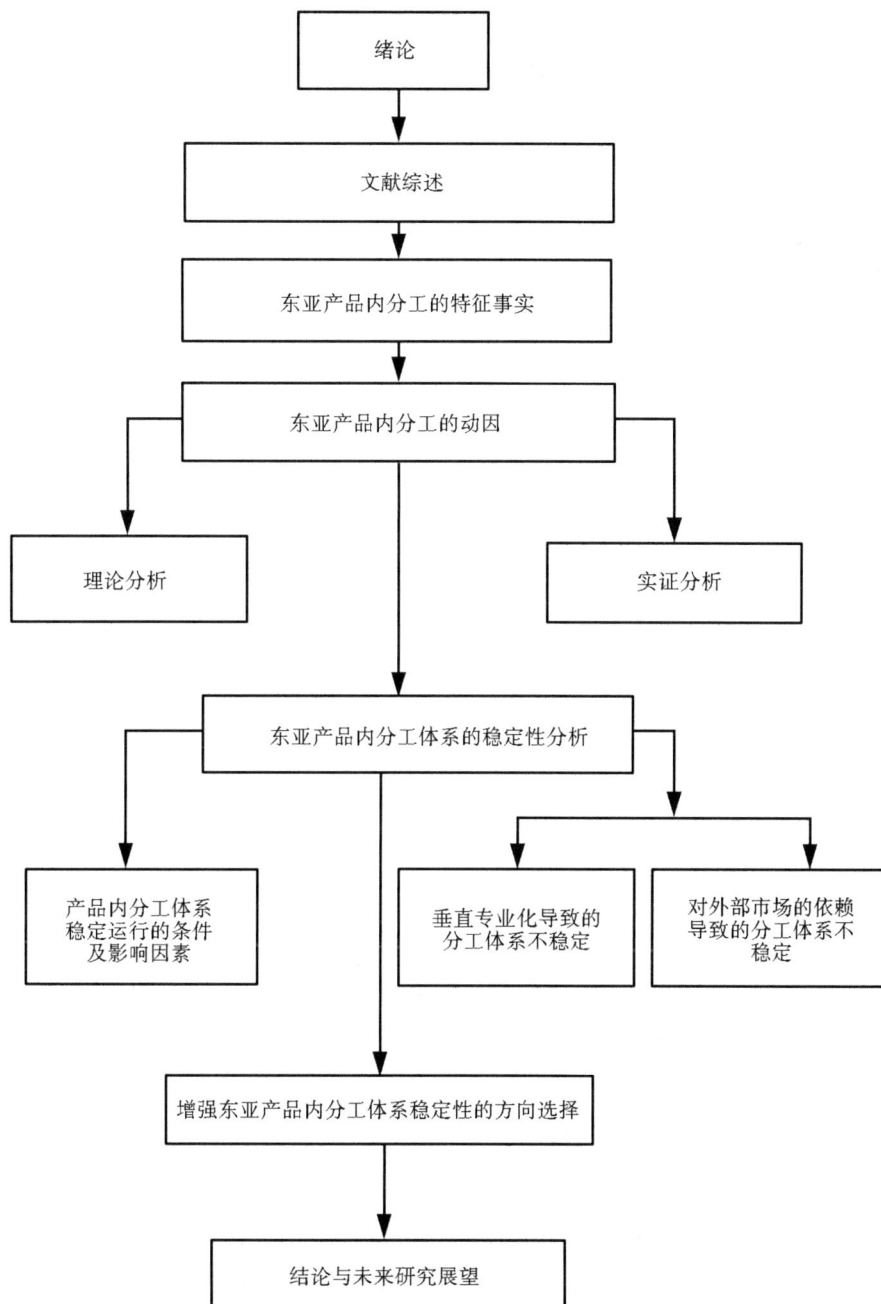

图 0-1　逻辑结构

第三节　可能的创新点与研究的不足

一、可能的创新点

本书尝试从以下角度进行创新：

一是关于东亚产品内分工的动因的实证分析，利用最新的数据对理论分析的结论进行检验。

二是关于东亚产品内分工体系的稳定性，尝试将管理学和经济控制论的内容引入产业分工的宏观领域分析产品内分工体系稳定性，界定产品内分工体系稳定性的概念，并分析其稳定性的影响因素。

三是利用现有数据构建面板数据模型检验东亚经济体参与产品内分工的程度与其经济周期协同性的关系，并分别从各经济体层面和行业层面检验东亚经济体参与产品内分工程度与其受经济危机冲击影响程度之间的关系。

四是利用宏观经济数据检验了东亚经济体在金融危机期间受外部需求波动引起的经济波动的"牛鞭效应"。

二、研究的不足

关于本书的研究，鉴于笔者水平有限，存在很多的不足：

一是关于计量方法的局限性。在第五章，关于垂直专业化分工特性引起的分工体系的不稳定性的实证分析中，关于经济体检验，样本点过少，不符合大样本的计量要求，结果缺乏说服力；而关于行业分析，由于无法搜集到中国以外的其他东亚经济体的具体行业数据，无法进行面板数据分析，只能以中国的数据进行相关分析，也缺乏一定的说服力。同时，关于对外部市场的依赖引致的分工体系的不稳定性分析中，对于最终产品市场的波动引起的"牛鞭效应"的检验，由于无法找到具体的分工链条，因而无法进行更加具体的分析，实属遗憾。

二是理论模型的不足。关于产品内分工体系的稳定性的理论研究，只是简单的规范分析,没有形成一个统一的数理模型,尤其是没有考虑最终产品也进入国际或区域贸易的情况。同时,缺乏关于一个分工体系是否稳定的判断指标体系。本书从分工体系上下衔接不稳定引起的成员企业所在经济体的经济波动百分比作为指标进行衡量,比较有局限性。因为经济体的经济波动是常态,到底在多大范围内的波动是合适的,且到底超过多大幅度是有害的,这个缺乏判断标准。同时,是否还有其他指标进行衡量,也有待商榷。

三是研究内容的不足。影响东亚产品内分工体系的稳定性的因素远不止本书研究的这些,可以纳入更多的影响因素分析,如东亚的政治环境的影响、跨国或区域公司全球战略的影响等。

文献综述

第一节 产品内分工的基础理论概述

20 世纪 90 年代以来,产品内分工与贸易的迅速发展引起了学者们的普遍关注,全球关于该问题的研究文献不断涌现,大大丰富了国际和区域经济学的内容。

产品内分工基础与动因的理论研究大致可以分为两类:一类是基于国际或区域贸易理论的研究,包括传统贸易理论和新贸易理论的扩展。扩展的方法是将传统国家或地区贸易理论中的比较优势理论(如李嘉图模型和 H－O 模型)和新贸易理论中的规模经济等理论进行延伸,把研究对象由最终产品变为中间产品。基本结论是比较优势决定了不同生产阶段的国别或地区分工选择,而规模经济强化了这种分工。另一类是引入产业组织理论中的不完全契约理论的研究。在产品内分工中,企业作为决策主体会面临组织形式的选择——选择一体化还是选择外包,这是传统贸易理论不能解释的。产业组织理论中的不完全契约理论正好可以借鉴用来解决这个问题。因此,利用不完全契约理论分析产品内分工与贸易的出现及其模式选择为产品内分工的理论研究开辟了一个新的思路。

一、基于传统贸易理论的分析

一般认为,运用比较优势理论的产品内分工与贸易的理论模型可以追溯到

Batra 和 Casas(1973)建立的关于中间品贸易的理论模型,认为比较优势仍然是中间产品贸易的源泉。不过,由于他们假设生产过程只分为两阶段,与实际产品内国际或地区间分工不完全吻合,同时这些关于中间品贸易的模型大部分是为了讨论有效关税保护的效应。后来的学者如 Dixit 和 Grossman(1981),Sanyal 和 Jones(1982),Arndt(1996,1997a),Deardorff(1997,2001,2004),Jones 和 Kierzkowski(2001),Feenstra(1996),Kohler(2001)等则分别从生产的多阶段化和产品内国际或地区间分工对现实经济的影响两方面不断充实产品内分工与贸易理论。

首先具有开创性的研究是 Dixit 和 Grossman(1981)的理论模型,他首次考察了多阶段跨国或跨地区垂直生产的产品内分工。他认为比较优势决定了不同国家或地区工序区段的分配,并且分析了当劳动、资本、土地等要素禀赋发生变化时对这类国际或地区间分工的影响。

Sanyal 和 Jones(1982)则引入商品谱(goods spectrum)的概念来解释产品内国际或地区间分工。假定一个完整的生产过程可以用[0,1]来表示。并且由相对单位劳动需求决定各自国家或地区的相对优势。对于任意一个生产过程 $x(0<x<1)$,若甲经济体对劳动力相对需求小,那么甲经济体就专门从事$[0,x]$阶段的生产,乙经济体专注于剩下阶段生产。

Sven Arndt(1997,1998)虽然考察的也是两阶段的生产(他把产品的生产分割成两个相互联系的生产阶段),但他在李嘉图模型的基础上分析了产品内分工给资本丰裕的发达国家或地区带来的种种好处。他认为产品内分工能节约资源,这与技术进步的效果一样,还能增加产出、提高效率、增进世界福利。但是,不同情况下福利的改变不一样:当经济体处于优惠贸易区时,如果只有中间产品的关税下降而最终产品的进口关税不变,则参与产品内贸易的国家或地区的福利变化是不确定的;如果两者的关税都减免,则一国或地区福利上升的可能性大大加强。换句话说,在关税扭曲的情况下,产品内分工不一定增加世界福利。

Feenstra 和 Hanson(1996,1999,2001)构建了一个连续要素投入模型(Continum of Inputs),他发现发达国家或地区通过外包低技术含量的工序,专门从事高技术含量的生产阶段,增加了对于高技术人才的需求,可以提高发达国家或地区的高技术水平的工人的工资,促进其整个国家或地区的产业升级。

Alan Deardorff(2001,2002,2005,2008)的研究更加深入,他在传统的李嘉图模型的基础上,既引入了多阶段跨国或跨地区生产,也多方面考察了产品内分工产生的经济效应。他将产品内国际或地区间分工描述为国际或地区间片段化生产(fragmentation production),并提出"壁垒说"来解释片段化生产的原因。他认为某些壁垒的存在阻碍了在技术上可以分割的国际或地区间的生产,一旦"壁垒"减少,分割的国际或地区间的生产就会出现。假定在一个开放的小国域(或地区),生产过程可以分割成不同的阶段,在既定的劳动生产率下,比较优势由单位商品的价格与劳动投入量的比率来决定。由于是小国(或地区),只能接受既定市场价格。则分工与贸易模式主要取决于中间产品的市场价格。他还分析了产品内分工对世界福利的影响,认为产品内分工会改变一国(或地区)的贸易条件,使由关税导致扭曲的经济更加扭曲,改变全球的生产布局。

Jones(2001)、Findlay 和 Jones(2001)也将产品内分工称作国际或区域生产分割(fragmentation)。他们也对传统李嘉图模型进行改造,假定劳动力要素只能在国内或区域内流动,资本要素可以跨国或跨地区流动,并且存在中间产品贸易。此时,在传统的比较优势理论下,最终产品的生产者会由于中间产品贸易的存在而发生改变。国际或地区间贸易模式也会因此发生改变,这时,产品内分工导致既存在最终产品贸易,也存在中间产品贸易。

Jones 和 Kierzkowski(2001)借助希克斯联合单位价值曲线(Hicksian composite unit-value isoquant)来分析产品内国际或地区间分工(文中称为国际或地区间生产分割)的分工模式、决定因素和福利影响。国际或地区间生产分割的存在使得李嘉图的比较优势理论可以在更广泛的范围进行,国家间或地区间生产模式也因此而改变。一个国家或地区通过专业化生产具有比较优势的生产阶段可以提高其全要素生产率,这与技术进步的效果是相当的。另外,Jones 的研究还说明了产品内国际或地区间分工得以实现的一个特别重要的因素是服务联系成本的降低。技术的进步以及服务贸易自由化等导致服务联系的活动成本越来越低,使得发展中国家或地区也有机会参与国际或地区分工。因为有些发展中国家或地区在生产最终产品上不具备比较优势,但是可以通过参与某些工序的生产而获得比较优势利益。

Wilhelm Kohler(2004)也关注了产品内分工对工资和福利的影响,不过他考察的是产品内分工的另一种表现形式——外包。国际或区域外包涉及两个重要问题：一是是否要跨境外包，二是国际或区域外包一般均衡结果如何。他通过特定要素模型分析表明，如果产品内分工是采取外包形式进行的，那么被外包的生产工序的要素密度就会影响工资水平。

除此之外，Clare(2007)，Baldwin 和 Nicoud(2007)也基于传统理论有所扩展，前者基于李嘉图模型研究产品内分工的短期和长期的不同效应，后者则基于比较优势理论及四个主要定理建立了关于产品内分工对生产、价格、贸易和工资影响的充分必要条件的一般均衡模型。

以上均是国外学者对产品内贸易理论的研究。国内也有些学者对此进行研究。具有代表性的是卢锋(2004)的研究，他通过对产品内分工概念的详细界定，与其他相关概念作了比较，并且认为比较优势决定了不同生产阶段的国别或地区分工结构，而规模经济则加强了这种分工模式。产品内分工的强度的决定因素有不同工序环节空间可分离性、不同生产工序要素投入比例差异度、不同生产区段有效规模差异度、产品及其零部件单位价值运输成本大小、跨境生产活动的交易成本等五个，其中第一个因素决定了产品内分工是否能发生，第二、三因素决定了产品内分工给经济体带来的利益的大小，第四和第五个因素表明对产品内分工的约束作用的大小。田文(2006)，张纪(2007)和黄晶(2009)均在李嘉图模型的基础上进行扩展分析，只是扩展形式各不一样。例如田文只是简单地将中间产品贸易纳入模型，而张纪重点考察交易成本对产品内分工的决定。黄晶(2009)建立了一个扩大的动态李嘉图产品内分工模型。基本假设是完全竞争市场和同质性产品。模型研究表明：关税和运输成本是产品内分工均衡等式的重要变量。技术密集型工序的技术的可替代性决定了产品内分工下产品和要素市场能否全部出清，从而决定分工的收益分配。如果技术密集型工序的技术是可替代的，则产品内分工能够实现产品市场和要素市场同时均衡，分工的收益分配是完全平等的；否则将导致产品内分工无法实现均衡，分工收益分配出现不平等。

二、基于新贸易理论的分析

规模经济和不完全竞争的市场结构是新贸易理论的基本特征，也可以用来分析产品内分工与贸易的基础。没有实行产品内分工时，无法实现每个工序的最优规模，也就无法达到最大的规模经济效益。而当这些不同生产工序可以分离时,理论上各个阶段均可以实现规模经济,这样总体上就比不分割生产时更节约生产费用、提高资源配置效率。利用规模经济来解释产品内贸易动因的有Ethier(1982),Ishii 和 Yi(1997),以及卢峰(2004)等。Ethier(1982)认为产品内分工为零部件的规模生产提供了可能。因此,规模经济和贸易自由化构成了产品内垂直专业化分工的基础。Ishii 与 Yi(1997)和国内学者卢峰(2004)则考虑更全面,既有比较优势也有规模经济,前者决定了不同生产阶段国别或地区的分工结构,后者则强化了这种分工。

也有学者从市场结构的角度来分析。如 Egger 和 Falkinger(2003b)的研究认为在存在差异产品生产和中间品市场的垄断竞争情况下,产品内分工与贸易是否存在主要取决于是否能获得规模经济。Chen、Ishikawa 和 Yu(2004)利用异质双寡头垄断模型考察本国(或地区)与外国(或地区)企业对中间投入品的选择行为。假定本国(或地区)企业与外国(或地区)企业都使用相同的中间投入品生产最终产品,并且外国企业生产中间投入品的技术水平更高。在利润最大化的目标下,本国(或地区)企业会选择从外国(或地区)企业购买中间投入品而不是自己生产。这样,本国(或地区)企业就相当于将中间投入品的生产外包了,产品内分工也就产生了。

此外,有学者对这种建立在规模经济和垄断竞争基础上的产品内国际或地区间分工产生的产业集聚效应进行了深入研究。Jones 和 Kierzkowski(1990)认为应当把国际或区域分割生产视为一个动态的过程。如果对各种产业进行横向的比较,会发现许多工序的生产活动具有相似性。按照工序进行专业化生产会产生规模经济,从而促进技术进步,进而引致不同生产工序的集聚。而这种工序的集聚又会产生规模经济,形成良性循环,为生产国际或地区间分割提供动力(Jones,2004)。Dixit 和 Joseph Stiglitz(1997)提出生产要素移动能力的非对称性,认为服务联系活动的规模收益递增,且后续的溢出效应促进了产业集聚的发生。

三、引入产业组织理论的分析

上述源于国际或区域贸易理论的研究解释了产品内分工的国别或地区的选择,但是忽略了企业的微观决策。引入企业组织理论成为产品内分工理论的新领域,可以用来解释产品内跨国或跨地区分工过程中的微观主体——企业的组织方式选择。理论上,企业为获得某种中间投入品可以有不同的组织方式选择:FDI(Foreign Direct Investment,外商直接投资)或外包。选择前者企业的组织成本较高但交易成本较低;选择后者企业的组织成本较低但交易成本比较高。企业理论中的不完全契约理论可以被延伸和扩展用来解释企业对 FDI 和外包两种组织形式的选择行为。

将产业组织理论引入产品内分工的学者较多,如 McLaren(2000),Artras(2003,2005),Feenstra 和 Hanson(2003),Melitz(2003),Antras 和 Helpman(2004),Grossman 和 Helpman(2004),Levchenko(2004),Nunn(2005,2007),Costinot(2005),Acemoglu(2006),以及 Grossman 和 Helpman(2005),等等。

他们的研究内容可以归纳如下:

第一,行业的异质性和不完全契约的相互作用,由此产生的对一体化和外包的选择。

该研究主要来自 Melitz(2003),Antras 和 Helpman(2003),以及 Spencer(2005)。他们认为相同行业中生产率的异质性与行业间契约投入品密集度差异之间的结合会产生四种均衡:本国(或地区)内包或外包、外国(或地区)内包或外包。每种形式的选择取决于行业的特点。Artras(2003)模型里强调了固定化进入成本的重要性,没有考虑特定的组织成本。给定总部服务密集度测量因子 ρ,如果 $\rho < \rho_c$,企业选择外包,如果 $\rho > \rho_c$,企业选择一体化。Antras(2005)将产品生命周期理论融入不完全契约模型中,也认为总部服务密集度的大小决定了企业组织形式的选择。

第二,最终产品生产商与零部件供应商之间的匹配作用,以及由此产生的"市场厚度"(market thickness)效应。

对选择外包的企业来说,市场上的潜在供应商数目以及他们的专业程度等因素会决定他们是否能与供应商匹配。这里,市场厚度指市场上参与者(主要指供应商)的多少,参与者越多称为市场厚度越大。McLaren(2000),Grossman 和 Helpman(2002)研究了中间投入品买卖双方的匹配的方法。他认为中间投入品买卖双方成功匹配的内生可能性会影响外包和一体化的权衡:中间投入品的供应商越多,其潜在购买者进行外包越有利。而潜在购买者的数量越大,中间投入品的供应商进行生产销售就越有利。当存在匹配的经济规模效应时,进行更多的外包意味着可以使中间产品实现递增报酬。

Grossman 和 Helpman(2004,2005)的研究认为市场厚度与市场规模越大，外包企业越多。并且，中间投入品的买卖方之间订立契约就会扩大现行的匹配数。因此在契约机制越完善的国家或地区，专用性投资的可订立契约的比例就越大，外包的可能性就越大。

第三，不完全契约下应用激励理论方法对一体化和外包的权衡。

Feenstra 和 Hanson(2004)，Feenstra 和 Spencer(2005)采用激励模型研究了企业在订立完全契约的加工合同时对于组织形式的选择行为。完全契约是指事先约定最终产品生产商与中间品加工企业管理者的收益。模型分析表明，订立完全契约能提高效率；而订立不完全契约，不能做到收益与支出努力相对应，支出努力不能达到最大，效率有损失，此时可以通过产权控制解决这些问题。具体而言，当双方最终产品生产商与中间产品加工商(供应商)分别控制企业产权与投入品购置权时，收益要比两权由一方控制时大，尤其是当最终产品生产商拥有产权，中间投入品加工商拥有投入品购置权时，后者的生产努力将达到最大。

Grossman 和 Helpman(2004)采用激励的分析方法研究了企业对于一体化和外包的权衡。他们认为，企业对于一体化还是外包的选择，很大程度上取决于组织形式对供应商激励的大小。对最终产品生产者而言，南方国家或地区的工资更低，但比北方国家或地区的监督管理成本要高，最终的选择是考虑生产率水平与成本的结果。

第四，司法体制差异产生的比较优势。

由于司法体制是否完善会影响契约的执行效果，因而不同国家或地区也会因司法体制不同而产生比较优势。越是需要签订更多契约的部门受司法体制的影响越大。Levchenko(2004)，Nunn(2005,2007)利用经验数据对对此进行实证分析。他将法律规则标准代表契约不完全性程度，对测量司法的可预测性、有效性和契约执行力等进行考量。结论说明契约制度是比较优势的一个重要来源。Costinot(2005)则认为契约制度与技术特征一起形成了李嘉图比较优势。Acemoglu 和 Antras(2007)的研究结果表明：契约制度会影响技术的选择，契约制度完善，选择的工序技术水平越高。因此契约制度越高效的国家或地区，技术水平越高，生产率水平也越高，从而产生比较优势。

侯增艳(2009)将不完全契约理论的观点与国际或区域贸易理论相结合,研究了企业对 FDI 和外包两种组织形式的选择问题。

四、其他理论

目前,从宏观角度(考虑国别或地区分工而不是考虑企业的微观选择)关于产品内分工的理论基本上都是源于产业间、产业内贸易理论,缺乏一个解释该演变过程的统一分析框架。我国学者蒲华林(2009)考虑了这样一个分析框架,他从专业化分工的角度尝试研究了国际或区域分工从产业间到产品内演变的原理。支撑专业化分工思想的主要元素有三个:要素禀赋的差异性、专业化经济、交易效率。基于上述三个元素,他构建了如下分析框架,即"要素禀赋差异—专业化经济—交易效率"(E-S-E)模型。在这个模型下,他提出了八个假说,说明专业化经济的显著程度、交易效率的高低、要素禀赋差异的大小这三者的组合可以解释国际或区域分工从自给自足的状态向产业间分工、产业内分工、产品内分工等逐渐深入的过程。

五、文献简评

世界经济快速发展,国际或地区间分工形式也随之变化,产品内分工的出现要求相应的理论的发展。从现有研究来看,主要缺陷是缺乏统一的分析框架,同时关于产品内分工的概念不统一,相关理论比较杂乱,不能跻身主流理论之列。从国际或地区间分工的演变历史来看,到目前为止,已经经历了从产业间贸易到产业内贸易再到产品内贸易的历史,但是,这三种国际或地区间分工形式的基础理论却没有一脉相承。产业内国际或地区间分工贸易理论主要考虑的是规模经济,它与古典和新古典国际或地区间分工贸易理论没有联系,自成一体,并且对现实解释力不够。而产品内国际或地区间分工和贸易理论主要解释产品分阶段跨国或跨地区生产的选择行为以及选择行为的经济效应,没有从分工基础理论上给出一个逻辑一致的分析框架。蒲华林的研究是很有意义的,他对于国际或区域分工演变的历史给出了一个统一的分析框架,但是,这些假说仅仅是假说,既没有严格的逻辑证明,也没有经过实证检验,因此,仅仅是一种尝试。这是未来有待挖掘的一个研究方向。

第二节　产品内分工的实证研究

一、产品内分工的度量

当关于产品内分工与贸易的理论不断发展时,相应的实证研究也不断进行。要做经验研究,首先要解决的就是产品内分工的度量问题。

产品内分工的准确度量是比较困难的。总体来看,国内外学者对产品内分工主要采用以下几种方法进行度量。

(一)利用零部件贸易数据、中间产品贸易数据或者加工贸易数据设计指标进行度量

由于零部件贸易是产品内分工的主要表现形态,而且数据从国际或地区标准贸易分类的海关统计数据库中容易获得,较多学者都用零部件贸易作为产品内分工与贸易的度量。代表的学者主要有 Ng 和 Yeats(1999,2003),Gorg (2000),Lall、Albaladejo 和 Zhang(2004),Jones、Kierzkowski 和 Chen(2004, 2005),Amighini(2005),Athukorala(2003,2005,2006a),Zeddies(2011), Kimura 和 Ando(2003),Kimura、Takahashi 和 Hayakawa(2007)等。他们一般采用国际或地区贸易标准分类 SITC REV2.0 或者 REV3.0 中的第 7 类和第 8 类机械产品零部件贸易来表示产品内国际或区域贸易。

还有一些学者利用国际或区域贸易分类的另一种方法 BEC(Broad Economic Catalogue)来度量。由于在这种分类里,中间产品可以与最终产品区分开来,数据也比较容易获得,他们利用中间产品贸易或者在此基础上设计其他指标度量产品内分工程度。如 Geishecker 和 Gorg(2011)则利用中间品进口及产业产值数据测度外包。计算公式有狭义和广义之分。狭义外包是指从某国或某地区外同一产业的中间品进口占国或地区内该产业产值的比重,计算公式为:

$$OUT_{jt}^{narrow} = IMP_{jt}/Y_{jt} \tag{1.1}$$

式中,IMP 表示一国或地区从该国或该地区外同一产业的中间品进口的进口

值,j 表示产业,Y 表示该国或该地区内 j 产业的产值。

广义外包计算中则包括了该产业从该国或该地区外进口的所有中间品。计算公式为:

$$\text{OUT}_{jt}^{wide} = \sum_{j=1}^{J} \text{IMP}_{jt}/Y_{jt} \tag{1.2}$$

还有些学者如田文(2006),王峰(2008)为了计算简便,利用中间产品贸易制造非一体化生产指数代表产品内分工程度,如一国或地区非一体化指数为一国或地区进口中间产品贸易额占总产出的比重。

许多的发展中东道国或地区往往以加工贸易方式参与产品内国际或地区间分工和国际或地区间贸易,因此,有些学者也用加工贸易法来度量产品内国际或地区间分工。如 Baldone(2001),Feenstra 和 Hanson(2003),张纪(2007),高越和高峰(2006),邱斌(2007)等主要用这种方法研究东亚区域的产品内分工。

(二)利用国际或地区间投入产出表设计指标进行度量

Hummels 等(2001)将进入出口产品中的进口投入品的价值及其比例作为考察产品内分工程度的指标,称为垂直专业化指数。他将产品内分工描述为垂直专业化分工,首先对这种分工的主要形式进行了严格定义,然后依据其定义给出了计算这种产品内分工程度的指标。要能将出口产品中的进口投入品价值区分开来不是一件容易的事,Hummels 等利用国际或地区间投入产出表实现了该指标的计算,投入产出表提供了各个产业详细的中间投入、出口和产出数据。根据他的计算,一国或地区参与垂直专业化分工的程度就是一国或地区参与产品内国际或地区间分工的程度。依据其定义,垂直专业指标有两种,一种称为垂直专业化贸易份额(Vertical Specialization,即 VS),指一个国家或地区的出口品中包含的进口投入品的价值,其计算公式为:

$$VS_{ki} = \left(\frac{进口中间品_{ki}}{总产出_{ki}}\right) \times 总出口_{ki} \tag{1.3}$$

式中,i 代表产品,k 代表国家或地区。

另一种指标指一个国家或地区的出口品中被进口国或地区当作中间投入品的价值,记为 VS1,其计算公式为:

$$VS1_{ki} = \sum_{j=1}^{n} 出口中间品_{kji}\left(\frac{总出口_{ji}}{总产出_{ji}}\right) \tag{1.4}$$

式中，i 为产品，j 表示 k 国或地区出口的目的国或地区。

为了反映一国或地区参与国际或地区间垂直专业化分工的程度，还要计算 VS 占出口的比值，即 VS 比率。其基本计算公式如下：

$$出口部门的 VS 比率 = VS_k/X_k = \mu A^M(I - A^D)^{-1}X/X_k \qquad (1.5)①$$

Hummels 等的方法后来得到了广泛的应用。其后较多学者如 Chen，Kondratowicz 和 Yi(2005)，Dean，Fung 和 Wang(2008)，以及国内学者吴福象 (2005)、刘志彪、刘晓昶(2001)、平新乔(2005，2006)、张小蒂和孙景蔚(2006)等使用该指标进行各自的经验研究。其中，有些人的研究中该指标基于实际数据获得的难易程度进行了改进或修正。

（三）现有度量方法的局限性

上述三种度量方法，虽然在研究中都有人使用，但结合实际应用，都不是完美的测量方法。

1. 利用零部件贸易进出口度量方法的局限

首先，零部件数据不能全部显示在所属的终端产品编码下面，比如汽车产品里面并不包括塑料、轮胎等零部件；其次，有时难以区分零部件与终端产品；第三，贸易数据无法追踪同一最终产品在不同国家或地区的生产阶段，很难统计一个最终产品沿着分工链条的具体贸易情况。因此，通常情况下，零部件贸易数据会低估现有产品内国际或地区间贸易量。

2. 利用加工贸易数据进行研究的局限

许多学者利用加总的加工贸易数据代表一国或地区参与垂直专业化分工的程度，但是这种方法的使用面较窄，且受一国或地区加工贸易的比例大小的影响。对一些加工贸易比例不大的国家或地区根本不适用。

3. 利用国际或地区间投入—产出表设计指标度量的局限

（1）投入—产出表假定所有经济部门具有相同的进口品投入系数。这不符合事实。

（2）数据收集起来有困难。就现有数据来看，不同数据库的数据统计口径

<hr/>

① 在本式中 A^M 为 $n \times n$ 维的进口系数矩阵，μ 为 $1 \times n$ 维的元素为1的向量，I 是单位矩阵，A^D 是 $n \times n$ 维的国或地区内系数矩阵，X 表示 $n \times 1$ 维的各部门出口向量，n 是产业部门数目，X_k 是各产业部门出口之和，$(I - A^D)^{-1}$ 是里昂惕夫逆矩阵。

不一样,对产业的分类不一样。比如国际或区域贸易标准分类 SITC 将产品分为 10 大类 90 章;而中国分类是 GB/T 4754,2011 年最新分为三次产业共 96 大类。因此计算不同国家或地区具体部门的中间产品进出口时,首先需要统一产品分类口径,这个很困难。同时,如果进行纵向时间序列分析,算不同年份的产品内分工指数,不同年份的投入—产出表的分类也可能不一致。

(3) 投入产出数据的不完整,年份不连续。比如,中国到目前为止,投入—产出表只编制了 1992 年、1997 年、2000 年、2007 年,年份数据缺失严重,用已有的数据经过处理替代缺失数据会影响研究结果。

综上所述,各种度量产品内分工程度的方法均有缺陷,实际进行研究时,要视研究对象的特征和数据的可得性进行相机选择。当然,也可以在现有方法的基础上进行改进,编制新的合理指标进行。

二、东亚区域产品内分工的实证研究

东亚区域的产品内分工很典型,吸引了众多学者的关注。关于东亚区域产品内分工的实证研究主要为:东亚区域产品内分工的原因,给东亚区域经济带来的效应,如技术进步效应,经济增长效应等。尤其是关于中国的研究比较多。学者们普遍关注到了中国大陆在东亚产品内分工中的作用。以下,分别从国外学者和国内学者的角度进行较详细的介绍:

(一) 国外研究

关于东亚区域的产品内分工的国外实证研究比较多,代表性的有 Ng 和 Yeats(2003),Lall、Albaladejo 和 Zhang(2004),Amighini(2005),Ando(2006),Eichengreen 和 Tong(2006),以及 Kimura、Takahashi 和 Hayakawa(2007)等的研究。

Ng 和 Yeats(1999)针对东亚产品内分工研究发现,该区域的产品内分工导致了区域内贸易的迅速增长,而区域内贸易的增长对区域合作和经济增长发挥了积极的效应。并且,中国在东亚区域产品内分工中占有很重要的作用。Ng 和 Yeats(2003)再次利用东亚区域的零部件统计数据分析东亚产品内分工扩大的原因,研究证明各经济体从事不同工序生产取决于各自的比较优势。

Lall、Albaladejo 和 Zhang(2004)利用 SITC Rev.2 四位数的零部件贸易数据分析了东亚和拉丁美洲的电子和汽车产业的产品内分工。他发现,由于技术原因,不同产业的产品内分工发展是不一样的,如世界电子产业比汽车产业产品内分工(垂直专业化分工)发展更快。在东亚区域,电子产业网络更加广泛、先进,并且形成一体化的区域系统,导致东亚制成品增长速度增快,并加快了该区域最终产品的出口快速增长。他还特意研究了中国在东亚区域产品内分工中的作用。在低技术产品领域,中国与其他低技术产品制造国家或地区之间有竞争,但是在高技术领域,中国大陆与东亚其他相邻经济体是互补关系。

Amighini(2005)利用联合国商品贸易统计数据库数据,针对中国通信技术产业,利用净贸易指数(Net Trade Index)和 Balassa 显示性比较优势指数(RCA)探究了中国通过参与产品内分工对其技术进步的影响。结果发现,通过参加东亚产品内分工,中国提高了技术水平。

Athukorala(2003,2005)详细介绍了如何获得零部件贸易的数据。并且,对当前全球的产品内分工现状进行了介绍,重点分析了东亚经济体在全球产品内分工中的地位和作用,尤其是产品内分工对东亚实现区域经济一体化的意义。Athukorala(2006)从新经济地理学的角度分析产品内分工。对东亚地区的产品内分工的程度、趋势和模式进行了探讨,尤其强调了中国的作用。并且,通过比较发现,东亚地区对国际产品内分工的依赖程度远远高于北美自由贸易区和欧盟地区,虽然区域内相互贸易得到了快速发展,但是,并没有减轻整个区域经济对外部市场尤其是北美和欧盟的依赖。

Ando(2006)分析了东亚的产品内贸易与单向贸易和水平产业内贸易的相对变化。研究发现,在 20 世纪 90 年代以后,东亚产品内贸易增长明显,单向贸易相对下降,水平产业内贸易也有所增加,但不明显。

Eichengreen 和 Tong(2006)利用 BEC 国际或区域贸易分类标准数据,将中国纺织品和消费电子产品的出口进行分解,研究了产品内分工对中国贸易往来国或地区的影响,以及对吸引水平和垂直 FDI 的影响。结论认为,由于产品内分工的发展,中国的出口增长不利于生产消费品的国家或地区,有利于生产及出口原材料等中间产品的国家或地区;对吸引垂直 FDI 生产零部件和中间产品的国家或地区形成正效应,吸引水平 FDI 的国家或地区形成负效应。

Kimura、Takahashi 和 Hayakawa(2007)利用引力模型,比较了东亚和欧洲的产业内及产品内国际或区域贸易模式,研究认为,比较优势理论适合解释东亚区域的分工与贸易,而规模经济理论适合解释欧洲地区的分工与贸易。

（二）国内研究

国内学者对东亚产品内分工的实证研究主要对象是中国,研究了中国参与产品内分工的程度,中国参与产品内分工的决定因素,以及中国参与产品内分工获得的利益;也有学者从微观角度研究中国参与产品内分工的组织形式的选择。

1. 关于中国参与产品内分工的程度

不同学者均采用不同方法度量中国参与东亚产品内分工的程度。比较代表性的是采用 Hummels 的垂直专业化指数度量。北京大学中国经济研究中心课题组(2006)采用了 Hummels 等估算垂直专业化比率的方法,根据联合国贸易数据,运用中国投入—产出表,计算了中国 1992—2003 年间的出口贸易中垂直专业化比率以及中国对美出口贸易中的垂直专业化比率。研究表明,经过12 年的发展,中国的出口贸易中垂直专业化比率上升了 7.8%,而中国对美国的出口贸易中垂直专业化比率上升更多,达到 8.2%。由于中国的投入产出表中的行业分类与国际或区域贸易标准分类不一样,而且年份也不齐,后来有些学者尝试使用不同的方法补齐数据,计算连续年份的垂直专业化指数。文东伟和冼国明(2010)利用 OECD(2009)提供的投入产出数据库,测算了中国制造业参与产品内分工的程度,并与 31 个其他经济体进行了比较。测算结果发现,1995—2005 年,中国制造业的垂直专业化水平增长了 72.39%,高于绝大多数国家和地区;其中高技术制造业的垂直专业化水平增长尤其迅速,增长了131.5%,几乎高于所有其他国家和地区。刘利民和崔日明(2011)假设各个行业的总产出分别按照其国内生产总值的年增长率增长,将中国缺失年份的农业、各个工业行业以及服务业的总产出数据通过国内生产总值增长率进行计算,利用中国 1992、1997、2002、2007 年的投入—产出表,计算了中国分行业 1992—2009年共 28 年的连续年份的垂直专业化指数,结果也显示,总体来看,中国初级产品部门和资源密集型行业国际或区域产品内贸易水平都呈下降趋势;高技术部门和劳动密集型行业的产品内贸易水平提升较快;服务贸易内各行业的国际或区域垂直分工也有大幅度提升。当然还有其他较多学者对中国参与产品内分工的程度进行了测算,如高越(2006),胡昭玲和张蕊(2008),张小蒂和孙景蔚(2006),张路路(2006),张纪(2007)等,他们计算出的结果从数据上来看由于处理方法不一致,结果有所不一样,但大体上都能看出,中国参与产品内分工的程度在提升。

2. 关于东亚产品内分工与贸易的影响因素

国内学者卢峰（2004）提出了产品内分工强度取决于五个因素：生产过程不同工序环节空间可分离性、不同生产工序要素投入比例差异度、不同生产区段有效规模差异度、产品及其零部件单位价值运输成本大小，认为跨境生产活动的交易成本。虽然他没有对其理论进行实证研究，但这几个因素基本上成了其他学者做实证研究时考虑的对象。彭支伟和刘钧霆（2008）以 Hummels 等（2001）的方法为基础，计算了 1995 年和 2001 年东亚 10 个经济体的总体垂直专业化分工程度和各经济体所有产业的垂直专业化指数，并对相关的影响因素进行了检验。结果表明，各经济体间要素禀赋的差异、行业规模程度和关税壁垒等是影响垂直专业化分工在东亚发展的重要因素。并且东亚的垂直专业化分工对区域内部关税率的反应弹性高于对区域外部关税率的反应弹性，这是由于东亚地区在促进垂直专业化分工方面的区位优势作用。蒲华林（2009）认为产品内分工受产品的物理属性、经济环境和社会环境的影响，并且利用引力模型检验了这些因素对中国产品内分工程度的影响。结果发现，经济规模和人均购买力（人均 GDP）的确能够促进双边产品内进出口贸易；制造业相对工资上升有利于双边产品内进出口贸易；距离对于中国产品内双边进出口贸易负影响并不大；区域贸易协议安排能够促进产品内分工与贸易。王中华和赵曙东（2009）也选取了中国工业行业 1992、1997、2002 以及 2005 年四年的面板数据对影响中国参与产品内程度的因素进行回归分析，选择的影响因素（解释变量）有行业的劳动力成本、行业的关税水平、行业的劳动生产率，还有出口密集度和行业要素密集度两个虚拟变量。结果表明，中国参与产品内分工的程度与行业的劳动力成本、关税水平等显著负相关，与劳动生产率水平、出口密集度显著正相关。而且，相对于劳动密集型行业而言，资本相对密集的行业往往具有更明显的规模经济效应，对产品内分工的正影响更大。彭支伟和白雪飞（2010）利用东亚经济体 1992—2006 年的产品内贸易面板数据，重点论证了基础设施建设和服务联系成本的降低对东亚产品内分工与贸易快速发展的影响。戴魁早（2011）运用动态面板数据模型，选择对 1995—2008 年中国高技术产业进行实证分析，发现中国经济的外向程度、市场规模和资本密集度均影响中国高技术产业垂直专业化水平。

3. 中国在参与产品内分工中获取的利益

蒲华林（2009）利用进出口零部件单位价值比率作为衡量指标测量了中国

参与产品内分工获得的价值。研究发现在大多数年份,中国大多数零部件的出口价格都低于进口价格,这说明虽然中国零部件出口贸易增加,但是出口的零部件相对价格较低,属于低端零部件,而进口的零部件相对价格较高,属于高端零部件。因此,在零部件贸易中,中国生产并出口的依然是劳动密集型产品,获取的价值并不大。孟祺和隋杨(2010)使用 2001—2007 年中国工业行业数据构建面板数据模型,研究了中国工业企业参与产品内分工对其生产率的影响。结果表明中国工业企业的技术进步受到跨境公司和出口网络的限制,中国企业所获得的产品内分工的技术溢出效应较小。

三、非东亚区域产品内分工的实证研究

对非东亚区域的产品内分工进行经验研究的主要有 Hummels、Ishii 和 Yi(2001),Ruane 和 Goerg(1999),Gorg(2000),Arndt(2004),Dluhosch(2006),Jones、Kierzkowski 和 Chen(2004,2005),Egger(2005),Defever(2006),Zeddies(2007)等。他们的实证研究主要为两方面:一是采用特定测算方法计算世界不同区域或国家的产品内分工程度以及随着时间变化的发展趋势;二是验证影响产品内分工的影响因素。

Hummels、Ishii 和 Yi(2001)将产品内分工作为国际或区域垂直专业化来研究。他们计算了 10 个 OECD(经济合作与发展组织)经济体及韩国、墨西哥、中国台湾和爱尔兰等一共 14 个经济体的垂直专业化水平,研究表明产品内贸易占这些经济体 1990 年出口的 21%,占这些经济体 1970—1990 年间出口增长的 30%。同时,实证研究表明,产品内分工与贸易的快速发展主要是由于关税和运输成本等贸易壁垒的不断下降。国家或地区规模大小、行业性质差别等也会影响产品内分工程度大小:垂直分工比例与 GDP 和人口的相关系数为负,说明大经济体比小经济体的垂直分工比例更低。农林渔行业垂直专业化程度低,石油、化学和机械产业垂直专业化程度高。而且不同国家或地区在同一产业部门与不同经济发展水平的国家或地区之间的垂直专业化程度也有分别。

Ruane 和 Goerg(1999)研究了爱尔兰的电子产业的产品内分工。他们认为全球化促进了爱尔兰的电子产业片段化生产。数据显示,爱尔兰的片断化生产的规模增长快速,甚至超过了欧盟总体的平均增长速度。

Gorg(2000)研究美国和欧盟之间产品内分工的决定因素。结果表明，劳动成本、国外（或地区）直接投资和产业部门比较优势决定了一国或地区在某行业的产品内分工，劳动力成本越低、国外（或地区）直接投资越多、比较优势越大的部门产品内分工程度越高。

Arndt(2004)的研究更加细致。他利用美国和墨西哥的季度数据进行实证分析。分别从两国的总贸易、制造业行业贸易以及零部件贸易等层面检验不同因素对贸易的影响。Egger(2005)则考察了经济总量、要素禀赋、交易成本以及基础设施因素等对欧盟 12 个经济体加工贸易的影响。

Jones、Kierzkowski 和 Chen(2005)研究了服务成本对产品内分工的决定作用，研究表明世界经济（收入）增长会促进片断化和零部件贸易，并且服务价格下降会导致外包和零部件贸易增长的假设。

Dluhosch(2006)探讨了产品内分工对工业化国家或地区的劳动力市场的影响。他认为产品内分工更易于使高技术劳动力的报酬增加，但在某些情况下，低技术劳动力可能获得更多的利益。并且在一个合适的参数范围内，两种类型的劳动力都可以获得产于产品内分工带来的收益。

Defever(2006)和 Zeddies(2011)都研究欧洲的产品内分工。前者利用微观企业数据研究企业进行产品内分工的生产活动的区位选择，他发现企业之间工序联系越紧密则区位越趋同。后者利用零部件贸易数据研究产品内分工的决定因素。研究结果表明要素价格差异是众多因素（其他要素还有物理距离、交通成本、人力资源差异等）中最重要的决定因素。

四、文献简评

从现有关于产品内分工的实证研究来看，主要表现为两方面，一是测量不同区域或不同国家参与产品内分工的程度（以各种形式表现为片段化生产、国际或地区分割生产、国际或地区垂直专业化分工），横向比较不同国家或地区之间融入产品内分工的程度区别，还有不同行业的差别，纵向比较不同区域或国家随着时间变化参与产品内分工程度的变化；二是利用测量的产品内分工程度数据来验证理论上影响产品内分工的因素，如 GDP、劳动力成本、劳动生产率、人均 GDP 差异、服务联系成本、交通运输成本等。这些研究为产品内分工理论提供了佐证。但是，由于产品内分工测量的困难，以及数据的不可得性，目前关于产品内分工的实证研究还很有局限,尤其是关于分工的微观主体企业的组织形式选择的实证很贫乏,这主要是因为来自微观企业的数据很难获得。未来关于实证研究可以从测量方法和理论基础两方面进一步深化。

第三节　产品内分工体系的稳定性研究

一、分工体系稳定性的理论渊源

一个分工体系是否稳定,取决于这个体系所面临的风险。分工虽然能提高经济效益,但随着分工程度的提高,整个分工体系的不同参与者之间的信息更加不对称,互相依赖程度也不断提高,系统的风险和不确定性也增强。风险和不确定性成为分工体系不稳定性的来源。目前,关于分工体系稳定性的研究,主要从分工体系面临的风险角度进行研究。总结起来,主要是从以下几个方面论述分工面临的风险。

1. 信息不对称

社会分工专业化水平提高以后,不同参与者的信息构成整个社会的庞大信息量,而每一个参与者对这些信息的了解是非常有限的,二者之间会有差别。对于决策所需要拥有的信息不完全就会引发信息不对称。信息不对称会引发机会主义行为,造成逆向选择和道德风险,这样会带来交易失灵或增加交易成本(杨小凯,2002)。

国内学者王长元(2000)较深入地探讨了分工与风险之间的逻辑关系。他认为,伴随分工演进与发展过程,效率与风险始终并存。随着分工不断深入,带来效率的增加,但同时风险也在增加。专业化的不断提高虽然可以提高效率,但是同时也增加了分工各主体(交易各方)的相互依赖程度,一旦有某些分工主体出现波动,其他主体也面临风险。同时,当分工水平越来越高、越来越深入,不同参与者的个体信息也越来越多,整个社会的知识量会迅速扩大。虽然整个社会的知识量大量提高,但是个体知识量相对减少,会形成信息不对称问题,进而引发逆向选择和道德风险。

2. 资产专用性

一般而言,分工与专业化程度提高以后,参与者所用的资产专用性程度也会提高,交易双方匹配容易失灵,也会引发风险和不确定性(Klein,1978;Bonus,1985;威廉姆森,2004;盛洪,2006)。根据威廉姆森的看法,资产专用性越强,进行市场交易的成本越高。市场交易费用的提高源于垄断的压力、违约风险和市场波动:资产专用性越强的企业,其重置成本就越高,此时买方的市场垄断能力越强,生产者受到的压力就越大;再者资产专用性越强的企业调整生产方向的自由度越小,它将随时面临需求波动引起的资产调整风险;若交易处于双边垄断的局势,则双方都会面临中断交易的违约风险。Richardson(1960)通过研究交易双方对资产的共同产权控制的程度来分析这个问题。如果该程度很低,为防止事后"勒索",有风险的一方会选择生产率水平低但容易流动的分工类型。这其实就是一种与资产专用性有关的损失或风险。

3. 协调失灵

当分工与专业化水平提高以后,参与的各主体之间依赖性会越来越强,如果不能有效协调交易双方的关系,也会给分工各方带来风险,从而引起不同方经济利益的折损(布坎南,2002;Yang & Wills,1990;杨小凯和张永生,2003)。协调失灵是指由于参与交易各方不能协调其他方的行动,引起整个分工均衡时的效率低下,损失交易各方的利益(托达罗和史密斯,2009)。因此,分工的结果有两面性,虽然能提高经济效益,但也增加交易风险。一旦交易失败,就会带来经济损失。Yang 和 Wills(1990)认为分工是由不同环节的参与者高度依赖的生产组织,只要有一个环节出现问题,体系中的其他参与者就都会受影响,严重的就会导致整个经济系统的失灵,引发经济危机。并且,分工和专业化水平越高,需要交易的次数就越多,总的风险会大大增加(杨小凯和张永生,2003)。

4. 其他理论

也有学者借助其他学科的理论来研究分工的风险与不稳定性问题。如陈平(2002)借鉴控制论、物理学里面的生态约束下非线性动力学系统的稳定和演化理论,来解释劳动分工的起源和制约。他认为"劳动分工发展的复杂性和社会演化的不对称性,可以用开放系统下生命有机体的自组织过程来理解"。分工系统同样存在"稳定性与复杂性之间的此消彼长"。随着社会分工与专业化水平的提高,分工系统越来越复杂,系统面临的风险和不确定性增加,系统结构的稳定性会随之减弱。但是生物学家不这样认为。从现有的生态系统发展的结果来看,社会系统是从简单逐渐走向复杂,这就说明复杂的系统应当比简单的系统更稳定。从进化论来看也如此。

二、产品内分工体系稳定性的相关研究

目前,直接从国际或区域分工角度研究产品内分工体系的研究较少。但是,产品内分工从管理学角度来讲就是供应链全球化,而管理学领域关于供应链稳定性的研究比较成熟。因此,接下来分别介绍管理学领域关于产品内分工稳定性的研究——供应链稳定性的研究,以及国际或区域经济学领域对此问题的研究。

(一)供应链稳定性研究

供应链的不稳定因素来源于企业面临的风险,因此,供应链稳定性的相关研究主要是关于供应链风险管理的,包括供应链风险的识别、风险评估和风险管理预警、供应链风险规避等。

1. 供应链风险的识别

风险来源于不确定性,供应链的风险主要来源于信息的扭曲和需求的不确定性和。早在 20 世纪 60 年代,Forrester 研究了由于需求不确定性和信息扭曲引起的"牛鞭效应"(Bullwhip effect):需求的波动在传递中会有放大效应,这种放大是沿着供应链向上游企业逐级进行的。后来,学者 Lee Hau,Sterman,Frank Chen,Towill 等对问题进行了更深入的研究。Lee Hau 等(1997)认为"牛鞭效应"是由于系统参与人为响应需求变化、降低生产成本引起的,是企业追求利润最大化的目标下所做出的理性行为。Sterman(1992)则认为对反馈信息的错误理解和参与人的非理性行为导致该现象的产生。Towill(1996)等学者则采用控制系统工程的方法研究了如何度量"牛鞭效应"。

其他学者按照不同的标准给供应链面临的风险进行了分类。一类基本按照风险来源是来自企业内部还是外部来区分的。如 Richard Brenehley(2003)将供应链风险分为内部风险和外部风险。其中,内部风险又具体包括财务风险、治理风险、运行风险和产品市场风险。外部风险具体包括经济风险、政治风险、环境风险、社会风险和法律风险。Helen Peck(2003)将其分为环境风险、节点企业风险和供应链网络风险。Kleindorfer(2005)则将其分为两类:正常活动

中断导致的风险以及供应与需求协调失灵导致的风险。

第二种是以生成的风险特征为依据进行划分。如 Hallikas 等(2004)按照供应商网络结构将供应链风险分为：市场需求不足、订单履约差错、成本管理和定价以及应对缺乏适应性。市场需求不足指供应商对上一级供应商的需求判断不准确导致太低或不恰当的需求。订单履约差错指在旅行客户交货任务的过程中出现的问题。应对缺乏适应性是因为企业在变化或发展户所进行的投资本身携带风险。供应链中的每个企业的投资是以自己的视角与目标而非原始设备制造商的期待来进行。Peter Finch(2004)将供应链风险分为人为风险、信息风险等。国内也有不少学者遵循此类分析方法。张炳轩和李龙洙等(2001)则将供应链风险定义为技术风险、利润分配风险、合作风险和市场风险等。徐红晖(2003)将供应链风险分为管理因素和自然灾害两种。桑圣举、王炬香和杨阳等(2006)则认为供应链的风险可分为契约风险、信息风险、合作风险、道德风险以及外部环境风险等等。

上述研究成果来看对供应链风险分类没有统一的划分标准,缺乏统一逻辑框架,相互之间仍存在交集,并未形成一致观点。

2. 供应链风险评估

供应链风险的评估主要指如何度量供应链的风险。一类是从风险发生的概率角度进行度量。从这个角度的度量方法有评分法(Prater,2001)、概率统计法(Hallikas,2004)。国内学者赵棍和刘永胜(2009)则构建了基于合作风险、自身风险和系统风险的三维评价模型。但这些评估方法比较单一,没有对整个供应链系统风险进行评估。另一类是度量风险确实发生变为危害时导致的后果。如Crockford(1986),Micthell(1995) 以及 Willimas(1998)等,他们认为不能光从风险发生的可能性大小度量供应链风险,还应该结合风险转为危害时导致的后果来度量,也就是同时考虑二个维度的度量方法更合理。国内学者对供应链风险的评估侧重于评估方法的研究。刘嘉和吴志军(2005),舒良友(2007),马林等(2004)对基于供应链风险的制造商、供应商面临的风险进行了评估。而张彦如、陈敬贤(2008)则利用模糊理论从系统上、整体上评估供应链风险。

3. 供应链风险预警

供应链风险预警机制是指事前监测和控制供应链风险的一种监管办法。目前关于供应链风险预警体系的研究方法主要是关于供应链风险预警体系结构研究(如楚杨杰,2006;刘永胜、杜红平,2006;梁燕华等,2006)、供应链风险预警评价方法研究(如 Tae Yoon Kim 和 Kyong Jooh,2004;Juliana Yim,2005;马丽和张光明,2008;刘晓明,2008;等)、供应链风险预警策略研究(如雷战波、袁彩燕和刘二鹏,2004;赵吉博,2005;等)。

目前供应链风险预警体系的研究还只是在理论阶段,但对其系统的管理理论研究还不太深入,在实际运作中并没有建立起有效供应链风险预警机制。

4. 供应链风险的降低与规避

供应链存在风险,研究风险的目的是为了减少或规避风险。如何减低或规避风险一直是供应链管理领域的热点。总的来说可以分为以下几个部分:

一是关于需求波动和信息扭曲引起的"牛鞭效应"的解决办法。关于"牛鞭效应",学者们基本认为采取销售数据信息共享、交换库存信息等措施能够有效地减少"牛鞭效应",但不能完全消除该效应。如 Frank Chen 等(2000)构建了由一个制造商和一个零售商构成简单的两级供应链,通过分析指出共享用户信息能够大大减少"牛鞭效应"的影响,但不可能完全消除。美国供应链管理专家 David Simchi-levi,Philip Kaminsky,Edith Simchi-levi 等(1999)分析了牛鞭效应产生的原因,还给出度量该效应的方法,提出了消除其负面影响的措施。

二是关于供应链合作关系的研究。供应链上各企业的稳定合作能有效降低风险,如何维护稳定的企业合作关系呢? 一是维持稳定的战略联盟关系。Yoshino 和 Rangan(1995)认为目标明确、保持独立、共享利益、拥有核心资源等条件的满足有利于维护战略联盟的稳定关系。Bimbirg(2002)则认为回报的对称性、绝对与相对投入的程度、双方的信任程度等会影响战略联盟的稳定性。国内学者单泪源和彭忆(2000)则利用博弈论对战略联盟的稳定性进行分析。认为盈利结构是影响战略联盟的重要因素。二是增加各企业签订的合同的柔性。美国学者 Yehuda Bassok 和 Ravi Anupindi(2005,2008)对合同设计中的柔性提出了有实践指导意义的方法,如最低购买价值数量合同、带期权的分期承诺合同等,这些合同的创新点在于将数量柔性作为一种商品,使得供应商和采购商共享合作利润和共担风险。三是建立供应链风险管理的系统模型。如Lonsdale(1999)提出了管理供应链垂直关系的外包风险管理模型。Lindroth(2004)提出了三维供应链风险初步分析框架。Peck(2005)提出了四阶段的供应链风险管理框架,强调对供应链风险范围和构成要素的鉴定。Hallikasa

(2004)则将反馈机制纳入风险管理的范畴。

应该说,管理学中关于供应链稳定性的研究比较成熟,从研究视角来看,基本是基于供应链中涉及的企业的视角,比较少从整个系统整体的角度去研究。而且,对于当前区域或国际上愈演愈烈的全球化供应链的研究比较少。全球化的供应链与境内供应链以及区域性跨境供应链相比环境更复杂,面临的风险因素更多,风险的预警、控制和管理会更加困难。这是未来有待逐渐深入研究的领域。

(二)产品内分工体系稳定性研究

供应链的全球化是产品内分工引起的,供应链的稳定性理论是从管理学角度分析企业进行供应链风险管理而言的。目前,关于产品内分工体系的稳定性的研究相对于管理学角度的供应链稳定性的研究而言是比较贫乏的。

在跨境产品内垂直专业化分工下,供应链的节点企业分布在不同的国家或地区,不同企业受到的影响从宏观来看就会通过一国或地区的进出口部门从而影响到相关国家或地区的经济。当整个产品内分工体系不稳定时,这些节点企业所在的国家或地区的经济也会受到不同程度的干扰,也会面临波动。在产品内分工中,企业与企业之间的供求交易体现为国家与国家、国家与地区、地区与地区之间的中间产品进出口贸易关系,因此,产品内垂直专业化分工体系面临的不稳定因素是通过贸易在一国或地区与他国或地区之间传播的。

目前,关于产品内分工体系稳定性的研究主要是关于垂直专业化分工(产品内分工的另一种描述)引起的分工体系的不稳定。垂直专业化分工引起经济波动的研究起源于贸易对经济冲击的跨境传播的研究。因为传统理论最开始研究的是双边贸易额与经济周期之间的联系。Kindleberger(1962)和Meltzer(1976)最早发现了双边贸易额与经济周期协同的关系。后来很多的实证研究证实了这一关系。比较有名的有Frankel和Rose(1998),以及后来的学者如Clark和Wincoop(2001),Baxter和Kouparitsas(2005),Calderon、Chong和Stein(2007)等等。但是这种关系背后的机制却一直没有被解释清楚。不仅如此,Kose和Yi(2001,2006)提出了一个"贸易—协同之谜"(a trade-comovement puzzle):标准的国际或区域经济周期模型并不能说明贸易与经济周期协同之间的关系。至此,很多学者开始试图寻找这种关系背后存在的机制。

随后的研究几乎都无一例外的考虑到了垂直专业化(也称纵向联系)的作

用。Kose 和 Yi(2001)修正了标准的 Backus，Kehoe 和 Kydland(1995)国际或区域经济周期模型，引入了一种简单的垂直专业化形式。但是，由于资源会从生产率低的国家或地区向高的国家或地区转移，提高贸易强度对经济周期的协同的正影响是无效的。后来 Kose 和 Yi(2006)继续扩展了这个模型，他加入了"第三方国家或地区"，但是这对于解决"贸易—协同之谜"帮助依然很小。

2008—2009 年全面爆发的金融危机期间，世界实际贸易值下降 15.8%，世界实际 GDP 值下降 3.7%。全球贸易的大幅度下降引起了人们对于垂直专业化分工影响贸易"崩溃"(collapse)的关注，同时，也让一些学者继续深入的考察了垂直专业化分工在传播经济波动时的关键影响。学者们的研究观点总结起来主要为两点：一是垂直专业化分工使得金融危机对全球贸易的冲击产生放大作用；二是垂直专业化分工会加强贸易与经济周期协同之间的正向关系。

1. 垂直专业化分工使得金融危机对全球贸易的冲击产生放大作用

较早关注到垂直专业化分工会引起冲击对贸易的放大作用的是 Deardorff，Cheng 和 Kierzkowski(2001)，他们通过亚洲金融危机中垂直专业化分工引起贸易的变化发现，垂直专业化分工网络虽然可以有效提高生产效率，也存在潜在的风险，这种风险主要是由于金融危机引起贸易的信贷成本上升导致的，一但危机爆发，贸易信贷融资成本上升，贸易额就会大幅度下降。2008—2009 年全球金融危机爆发后，更多学者关注到这个问题。Rudolfs Bems，Robert Johnson 和 Yi K. M. (2009) 认为垂直专业化提供了一个真实的冲击传递机制，这种传递机制有助于引起贸易的广泛下降。垂直专业化传递机制是复杂的，在以下方面它可能帮助产生大规模广泛的贸易崩溃：首先，可能会出现国际(或区域)生产链的再国有(或区域)化(可能是由保护主义引发的)。其次，不断增长的垂直专业化意味着更多的跨境交易会在产品生产过程的不同阶段发生。如果这些阶段的替代弹性很低，一个国家或地区的生产受到的冲击会被迫迅速传递到其他生产阶段所在的国家或地区。第三，如果需求冲击集中于垂直专业化的产品领域，贸易对于需求的变化是高度敏感的。不仅如此他们还利用国际或地区间投入—产出表提供了有力的证据。Bems 和 Johnson 等(2010)也认为，垂直专业化分工下的纵向联系能够潜在的放大冲击。在一定程度上全球供应链被打乱，因此，与生产相关的更少的国家或地区之间的生产变得去垂直化，贸易对负向冲击的反应与标准贸易渠道相比可能会被放大。而且,一定程度上冲击非对称性地作用于更多纵向联系的产业(行业),这样贸易对于冲击的反应也会被放大。Ferrantino 和 Larsen(2009),Athukorala,Kyoji 和 Yuan(2009),以及 Giovanni 和 Levchenko(2010),Johnson 和 Noguera(2011),Bems,Johnson 和 Kei-Mu Yi(2011)等,他们的研究结论也基本支持上述观点:即参与垂直专业化分工水平越高的部门,受到外部冲击时贸易萎缩得越严重。

2. 垂直专业化分工会加强经济体之间经济周期协同关系

关于这个结论,细分起来,又可以解释为两方面:从国家或地区层面来讲,两国或地区之间垂直专业化水平越高,经济周期协同性越强;从部门层面来看,同一国家或地区不同部门在面临危机冲击时,垂直专业化水平越高的部门受到的冲击越大。Burstein、Kurz 和 Tesar(2008)发展了一个国际或区域经济周期模型,该模型演绎出垂直专业化生产共享的贸易程度与国际经济周期协同之间的正向联系。他还利用美国跨国公司与其海外附属机构之间的 1990—2006 年的贸易数据进行经验检验,结果表明那些参与与美国之间垂直专业化生产更多的国家或地区表现出与美国制造业产出有更紧密的相互关系。更多的研究是针对行业(或部门)层面的。Julian di Giovanni 和 Andrei A Levchenko(2009)利用行业层面(或者称为部门层面)的生产和贸易数据来检验通过国际或区域贸易影响经济周期协同的各种渠道的重要性。Levchenko A A 等(2010)研究了美国贸易受危机冲击的情况。通过细致的行业分析,他发现,参与全球产品内分工程度越高的部门或行业,产出和贸易萎缩程度越高。

上述研究主要是从实证角度检验了垂直专业化程度对经济周期传导的关键作用。理论方面的贡献者主要是 Burstein、Kurz 和 Tesar(2008)。后来又有些学者想从理论模型角度证实这个结论的存在,效果均不是很理想。如 Costas Arkolakis 和 Ananth Ramanarayanan(2009),在 Backus 等(1995)的国际经济或区域周期模型里引入了生产者的异质性,发展了两阶段生产模型。在每一个阶段,每个国家或地区的垂直专业化程度是内生的。每个国家或地区都需要来自其他国家或地区的投入品来生产出最终产品。由于国家或地区之间货物(产品)贸易范围更广泛时这种联系更紧密,因此,这种垂直专业化为模型提供了一个说明更高的贸易与更密切的经济周期关系之间的潜在机制。他首先考虑了完全竞争情况,如 Eaton 和 Kortum(2004)的李嘉图模型一样,但数据检验不支持模型的结论。他又引入了不完全竞争模型,该模型源于 Bernard、Eaton、Jensen 和 Kortum(2000),允许不同生产者的效率差异。在这个模型里,效率差异会引起可度量的生产率差异。该模型的定性和定量分析均支持该结论——垂直专业化更高的部门贸易与经济周期之间关系更密切。Chin-Yoong Wong 和 Yoke-Kee Eng(2012)提出一个贝叶斯估计的考虑非连续交易的中间产品的两经济体三阶段新凯恩斯模型,并利用 9 个东亚和东南亚经济体的生产和贸易数据进行实证,但是实证结果与理论模型演绎的结论不相符。作者认为,这是因为对生产与贸易中的垂直专业化的不合适的形式规定造成的。

三、文献简评

从以上关于产品内分工体系的稳定性研究论述可以看到,到目前为止,直接论述分析产品内分工体系稳定性的文献较少,但是,在管理学学领域,关于产品内分工引起的不稳定性的研究是比较成熟的,从供应链的风险识别、风险评估、风险预警、风险规避等各个角度都有研究。但是,管理学关注产品内分工体系的不稳定性主要是从企业的微观角度,考察供应链上每个企业如何进行风险管理控制,将损失降到最小;而较少从整个供应链系统的角度来分析不稳定性。在分工领域,从分工体系的角度去看,如何维系一个分工体系的稳定运行?需要具备什么条件?现有产品内分工体系面临哪些不稳定因素?这些不稳定因素会对分工体系的运行以及涉的各个国家或地区的经济带来什么影响?对于产品内分工体系中的每个国家或地区为维护经济稳定应该采取哪些措施……这些都是需要继续深入考察的问题。

本章小结

本章从三个角度进行文献的梳理。

一是关于产品内分工的基础理论。目前产品内分工基础与动因的理论研究大致可以分为两类:一类是基于国际或区域贸易理论的研究,包括传统贸易理论和新贸易理论的扩展。扩展的方法是将传统国家或地区贸易理论中的比较优势理论(如李嘉图模型和 H－O 模型)和新贸易理论中的规模经济等理论进行延伸,把研究对象由最终产品变为中间产品。基本结论是比较优势决定了不同生产阶段的或区域分工选择,而规模经济强化了这种分工。另一类是引入产业组织理论中的不完全契约理论框架下的研究。基于国际或区域贸易理论的研究只能解决生产的国别或区域选择,但是具体的决策企业要面临组织方式选择——选择一体化还是选择外包,产业组织理论中的不完全契约理论正好可以借鉴用来解决这个问题。因此,利用不完全契约理论分析产品内分工与贸易的出现及其模式选择为产品内分工的理论研究开辟了一个新的思路。从现有研究来看,存在的主要缺陷是缺乏统一的分析框架,同时关于产品内分工的概念不统一,相关理论比较杂乱,不能跻身主流理论之列。

二是关于产品内分工的实证分析。首先介绍了产品内分工度量方法的相关研究,说明各种度量方法的优缺点。目前的度量方法结合实际应用,都不是最完美的测量方法。其次梳理了现有关于东亚区域的产品内分工的实证研究和非东亚区域的产品内分工的实证研究。从现有关于产品内分工的实证研究来看,主要表现为两方面:一方面是测量不同区域或不同国家参与产品内分工的程度(以各种形式表现为片段化生产、国际或区域分割生产、国际或区域垂直专业化分工),横向比较不同国家或地区之间的融入产品内分工的程度区别,还有不同行业的差别,纵向比较不同区域或国家随着时间变化参与产品内分工程度的变化;二方面是利用测量的产品内分工程度数据来验证理论上影响产品内分工的因素,如 GDP、劳动力成本、劳动生产率、人均 GDP 差异、服务联系成本、交通运输成本等等。这些研究为产品内分工理论提供了佐证。但是,由于产品内分工测量的困难,以及数据的不可得性,目前关于产品内分工的实证研究还很有局限,尤其是关于分工的微观主体企业的组织形式选择的实证很贫乏,这主要是因为来自微观企业的数据很难获得。

三是关于产品内分工体系的稳定性研究。介绍了分工体系稳定性的理论渊源、来自管理学领域关于分工体系稳定性的研究和国际或区域经济学领域关于产品内分工体系稳定性的相关研究。风险和不确定性是分工体系不稳定性的主要来源。因此关于分工体系稳定的理论渊源主要是关于分工体系面临的风险的理论,这些风险包括信息不对称引发的风险、资产专用性提高引致的风险、协调失灵引发的风险等。到目前为止,直接从国际或地区间分工角度研究产品内分工体系的研究较少。但是,产品内分工从管理学角度来讲就是供应链全球化,而管理学领域关于供应链稳定性的研究比较成熟,这些研究包括供应链风险的识别、风险评估和风险管理预警、供应链风险规避等内容。国际或区域经济学领域关于产品内分工体系稳定性的研究主要是关于垂直专业化分工引起的分工体系的不稳定。总结起来主要为两点:一是垂直专业化分工使得金融危机对全球贸易的冲击产生放大作用;二是垂直专业化分工会加强贸易与经济周期协同之间的正向关系。

第二章

东亚产品内分工的特征事实

从二战以来,东亚区域的分工体系经历了产业间分工—工业制成品产业内分工—产品内分工①的变化历程,分工专业化程度不断提高。二战结束后至 20 世纪 60 年代,东亚区域各经济体依据比较优势,在日本与东亚其他经济体之间形成工业制成品和初级产品之间的产业间分工格局。因为此时,日本是该区域内唯一的工业经济体,自然成了该区域的初级产品进口国和工业制成品的出口国。20 世纪 70 年代至 90 年代,日本逐渐向海外转移边际产业,东亚发展中经济体相继推行工业制成品出口导向战略,承接由日本转移出来的工业产业,并且形成日本、东亚新兴工业经济体、东盟和中国等在工业制成品内部进行梯度产业转移的"雁阵模式"(Geese-Flying Pattern),在此基础上东亚各经济体在工业制成品部门内部的分工得到了快速发展。20 世纪90 年代开始,东亚区域内贸易量大幅上升,零部件和中间产品贸易快速扩大。越来越多的产品生产被划分为多个生产工序,在跨国界或跨地区的不同区位进行不同生产环节的加工。东盟各经济体的分工已发生了变化,他们原本专业进口并组装零部件(不生产零部件),现在开始专业化地生产部分零部件。到现在,东亚的跨国或跨地区分工已经逐渐从最终产品层面深入到零部件或半成品等中间产品层面,形成了独特的产品内分工体系。

---

① 关于产品内分工与产业内分工的关系,在第五章第一节有详细的说明,这里,产品内分工属于产业内垂直分工的一部分,是传统产业内分工形式的进一步深化,其分工涉及的产品从传统的最终产品扩展到了中间产品,此处为了说明国际或地区间分工的不断深化,用了这种表达。

第一节　东亚产品内分工与贸易的增长变化概况

一、东亚区域产品内分工与贸易在世界格局中的变动趋势

根据第一章关于产品内分工的度量,依据数据的可得性,在本章,笔者主要以经济体之间的零部件贸易量来度量产品内分工程度。从20世纪90年代以来,世界范围内的零部件贸易格局发生了很大变化。如表2-1所示,由于东亚、北美自由贸易区和欧盟三个区域的零部件贸易量(以出口来度量)一直占有世界零部件总贸易量的90%左右,因此,可以认为,世界产品内分工与贸易活动基本发生在这三个区域,接下来考察这三个区域的零部件贸易格局变化情况。

从考察期(1990—2010年)整体变化趋势来看(见图2-1),东亚区域零部件(出口)贸易占世界零部件贸易比重整体在增加,而北美自由贸易区和欧盟区域的零部件贸易占世界比重整体在下降。中间各区域有小幅波动。东亚区域

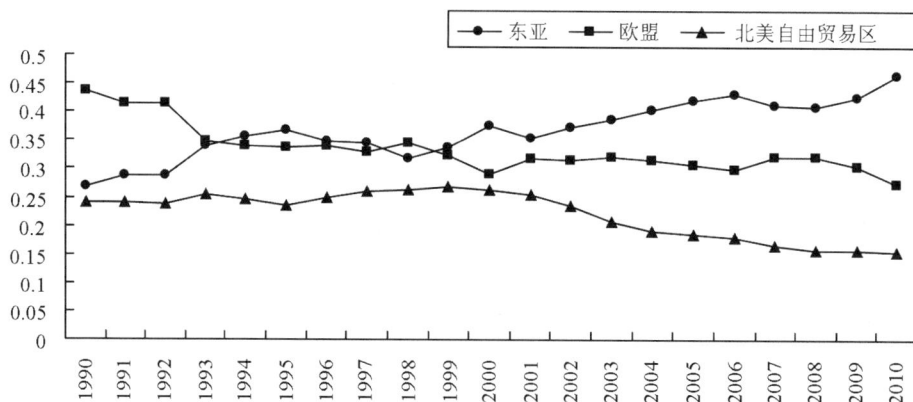

图2-1　东亚、欧盟、北美自由贸易区零部件出口贸易占世界比重的变化

数据来源:根据东亚产业经济研究所网站(http://www.rieti-tid.com)数据进行计算整理得出。

在 1995—1998 年间零部件出口贸易占世界零部件出口贸易比重有所下降,受 1997 年东南亚金融危机影响,1998 年达到最低,为 31.8%。此后,2001 年和 2007 年均有小幅下降。但整体而言在增加,尤其是在 2001—2006 年间呈直线上升状态。在欧盟区域,在整体区域零部件贸易占世界比重下降的趋势中,有些年份有所增加,如 1992 年、1998 年、2001 年和 2007 年。北美自由贸易区的变化比较缓慢,在 1990—1995 年该区域零部件出口占世界比重基本没有变化,1995—1999 年间有小幅上涨,1999 年以后该区域零部件出口贸易占世界比重持续下降。

从考察期(1990—2010 年)三大区域产品内分工与贸易的整体格局变化来看,如表 2-1 所示,1990 年,欧盟 15 国的零部件出口占世界比重最大,为 43.6%;北美自由贸易区所占比重最小,为 24%;东亚区域所占比重与北美自由贸易区相当,为 26.9%。经过 20 年的变化,至 2010 年,这一格局发生了巨大变化,目前,东亚区域的零部件贸易量最大,占世界比重在三大区域中居首位,为 46.3%,取代了欧盟 1990 年的位置,几乎为世界零部件贸易量的一半。因此,东亚区域已经成为世界上产品内分工与贸易活动最频繁的区域。

表 2-1　世界三大区域零部件出口贸易占世界比重的变化　　　（单位：%）

区　　域	1990 年	2000 年	2010 年
东亚①	26.9	37.6	46.3
北美自由贸易区②	24.0	26.3	15.5
欧盟（EU15）③	43.6	29.0	27.3

数据来源：根据东亚产业经济研究所网站(http://www.rieti-tid.com)数据进行计算整理得出。

---

① 这里东亚区域包括以下经济体：日本、中国大陆、中国香港、韩国、中国台湾、新加坡、印度尼西亚、马来西亚、菲律宾、泰国、文莱、柬埔寨、越南。

② 这里北美自由贸易区包括以下经济体：美国、加拿大、墨西哥。

③ 这里欧盟 15 国包括以下经济体：英国、法国、德国、意大利、奥地利、比利时、卢森堡、丹麦、芬兰、希腊、爱尔兰、荷兰、葡萄牙、西班牙、瑞典。

二、东亚区域产品内分工与贸易活动逐渐内部化

为了考察东亚区域内各经济体参与产品内分工的活动是否逐渐内部化，这里以指标"东亚区域产品内分工与贸易活动的内部化指数"来衡量，并且定义为东亚区域产品内分工与出口贸易活动的内部化指数＝东亚各经济体零部件出口至东亚区域内的总额÷东亚各经济体出口至全世界零部件总额。东亚区域产品内分工与进口贸易活动的内部化指数＝东亚各经济体零部件从东亚区域内的进口总额÷东亚各经济体从全世界进口零部件总额。这两个指标越大，说明东亚区域内各经济体参与产品内分工与贸易活动的内部化程度越大。如图2-2所示，1990—2010年间，以出口衡量的东亚区域产品内分工与贸易活动的内部化指数呈逐渐上升趋势，从1990年的41.2％提高到2010年的61.4％。以进口衡量的东亚区域产品内分工与贸易活动内部化指数变化如图2-3所示，1990—2010年间该指标基本呈增加趋势；1995—1998年间有所下降，其后持续提升；从1990年的57.8％提升至2010年的74.6％。这充分说明东亚区域产品内分工与贸易活动逐渐内部化。

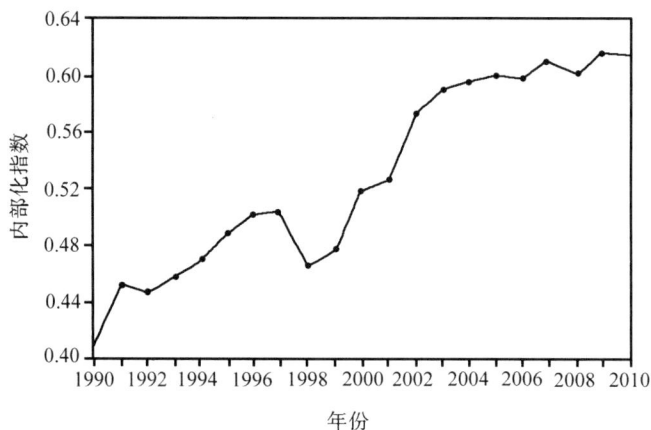

图2-2 东亚区域产品内分工与出口贸易活动的内部化指数变动

数据来源：根据东亚产业经济研究所网站(http：//www.rieti-tid.com)数据进行计算整理得出。

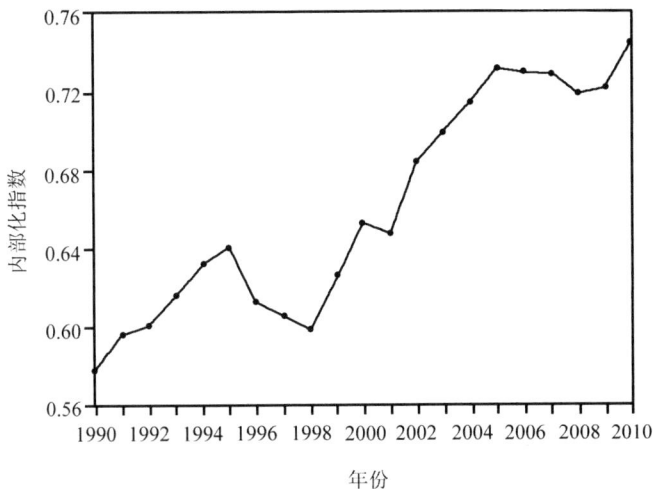

图 2-3　东亚区域产品内分工与进口贸易活动的内部化指数变动

数据来源：根据东亚产业经济研究所网站(http://www.rieti-tid.com)数据进行计算整理得出。

第二节　东亚区域产品内分工与贸易的结构分析

由以上论述可知,东亚区域从 20 世纪 90 年代以来参与国际或地区间产品内分工的程度越来越大。接下来,具体分析东亚区域内各经济体参与的产品内分工情况,比较不同经济体的参与程度区别。

一、各经济体零部件出口占区域零部件总出口的比重变化

如表 2-2 所示,1990—2010 年间,东亚区域内各经济体零部件出口的贡献格局发生了较大变化。1990 年,东亚区域零部件出口的最大贡献者是日本,占有 58.7%,超过了一半,说明这时日本是零部件的绝对提供者;其次是中国台湾,为 9.7%;然后是新加坡和中国香港。到了 2010 年,东亚区域内零部件出口的最大贡献者前三名变为:中国大陆、日本和韩国。中国大陆取代了日本的绝对地位,说明中国大陆已经成为东亚区域参与产品内分工与贸易

最活跃的经济体,成了零部件的最重要提供者。韩国也后来居上,超过了中国台湾。东盟各经济体除马来西亚之外,整体零部件出口水平都较低。从该指标的变化趋势来看,各经济体表现不一:中国大陆的零部件出口占该区域零部件总出口的比重持续增加;日本的零部件出口占该区域零部件总出口的比重在持续减少,与中国大陆的变化趋势正好相反。四大新兴工业经济体中,中国香港的零部件出口比重在持续下降,韩国在持续增长,新加坡先增后减,中国台湾基本维持在 10% 左右,变化幅度不大。东盟经济体中,泰国、马来西亚和越南的零部件出口比重基本在增加,印度尼西亚在 1990—1995 年间零部件出口比重小幅增长,后基本维持不变。

表 2-2　东亚各经济体零部件出口占区域零部件总出口比重　　（单位：%）

经济体	1990 年	1995 年	2000 年	2005 年	2010 年
中国大陆	2.4	4.8	10.3	22.4	28.8
中国香港	6.4	3.6	3.1	2.1	1.2
日本	58.7	48.6	36.2	27.8	22.0
韩国	7.1	10.8	10.2	12.3	14.3
新加坡	6.9	8.3	8.0	6.6	6.1
泰国	2.0	3.1	3.3	3.5	4.0
菲律宾	1.4	2.2	5.4	5.0	3.6
马来西亚	5.1	7.6	9.8	8.9	8.1
印度尼西亚	0.2	0.6	0.1	0.1	0.1
越南	0.0	0.0	0.1	0.3	0.6
中国台湾	9.7	10.3	12.2	9.6	10.1

数据来源：根据东亚产业经济研究所网站（http://www.rieti-tid.com）数据进行计算整理得出。

二、各经济体零部件进口占区域零部件总进口的比重变化

如表 2-3 所示,1990—2010 年间,东亚区域内各经济体零部件进口的贡献格局也发生了较大变化。1990 年,东亚区域内零部件进口比重最大的是日本,为 16.4%,与其出口零部件所占区域比重相比,小了很多。其次是新加坡,然

后是中国香港和中国台湾,也就是说,日本排在最首位,4个新兴工业经济体在次位,中国大陆和东盟其他经济体在最后。到2010年,东亚区域内零部件进口比重最大的是中国大陆,为30.7%。其次是中国香港和新加坡。日本从原来的第一位下降为第4位,其零部件出口比重也从16.4%降至9%。从零部件进口比重变化趋势来看,各经济体的表现也不尽相同。日本、韩国、新加坡、中国台湾、泰国的零部件进口比重在持续下降;中国大陆、中国香港的零部件进口比重在持续增加。菲律宾、马来西亚、越南的零部件进口比重呈先增后减趋势,印度尼西亚的零部件进口比重则呈先减后增趋势。总体来看,东盟各经济体除新加坡外零部件进口所占比重比较低。

表2-3 东亚各经济体零部件进口占区域零部件总进口比重 （单位：%）

经济体	1990 年	1995 年	2000 年	2005 年	2010 年
中国大陆	9.8	7.1	12.4	24.9	30.7
中国香港	11.4	14.3	15.4	17.2	18.0
日本	16.4	14.1	14.7	11.4	9.0
韩国	13.1	10.5	10.1	8.0	7.7
新加坡	16.0	19.5	15.9	13.2	11.8
泰国	8.3	7.6	5.1	4.3	4.5
菲律宾	2.0	2.0	4.0	3.8	2.5
马来西亚	8.6	11.5	10.5	7.7	6.6
印度尼西亚	3.7	3.3	1.3	1.2	2.4
越南	0.0	0.0	0.5	0.6	0.1
中国台湾	10.4	10.0	10.1	7.8	6.7

数据来源：根据东亚产业经济研究所网站(http://www.rieti-tid.com)数据进行计算整理得出。

综上所述,无论从零部件出口所占区域比重还是从进口所占比重来看,东亚区域中,变化最大的经济体是中国大陆和日本,中国大陆参与产品内分工的比重在逐渐增大,并跃为首位,日本参与产品内分工的比重在逐渐减小,但仍占比较重要的地位。东盟各经济体(除新加坡外)参与产品内分工的比重基本处于增长态势,但整体水平比较低下。

第三节　东亚区域各经济体在产品内分工体系中的地位

一、东亚总体产品内分工格局

　　东亚区域的总体产品分工格局,可以用"三角贸易"来表示。如图2-4所示,20世纪90年代以来,东亚产品内分工与贸易的迅速发展,其分工格局由原来的旧"三角贸易"逐渐变为"新三角贸易"(李晓等,2005)。图2-4中旧"三角贸易"是指东亚其他经济体(NIEs、东盟和中国大陆等发展中经济体)从日本引进外资、并进口资本品(主要是机器设备),生产出最终产品主要销往美国的分工与贸易模式;"新三角贸易"是指中国大陆从其他东亚经济体进口资本品(或零部件)生产出最终产品,主要销往美国等发达国家或地区的分工与贸易模式。在"新三角贸易"模式中,中国大陆成了最大的最终产品加工组装地,充当了东亚区域对外出口最终产品的平台。

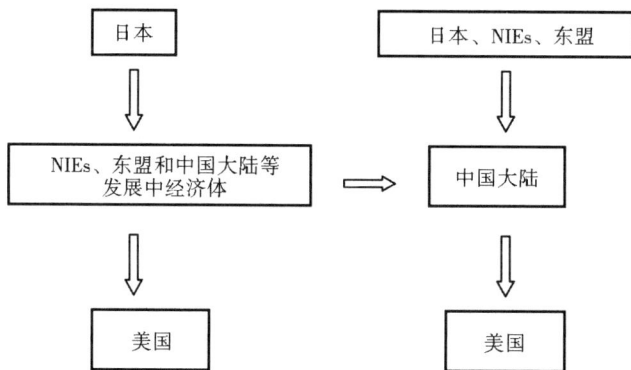

图2-4　东亚区域内产品分工与贸易模式的变化

　　中国大陆早期主要是同日本进行最终产品的分工合作。20世纪90年代后,中国大陆与亚洲四小龙逐渐展开产品内垂直专业化分工,目前已经赶超日本,成了东亚零部件和加工品的主要提供商。中国大陆同东盟各经济体的产品内分工的相对比重也在不断上升,因为原先处于东亚产品内分工体系"最终产品组装出

口"分工地位的东盟四大经济体(指马来西亚、印度尼西亚、菲律宾和泰国),逐渐
取代日本和亚洲四小龙,转向零部件(parts and components)和加工品(processed
goods)的专业化生产与供给,中国大陆则逐渐取代东盟四大经济体成为东亚产品
内分工体系中最大的"最终产品组装出口基地"(Athukorala & Yamashita,2006)。
如图 2-5 所示,从图形中可以清楚看出中国大陆对亚洲四小龙和东盟分工地位
的取代。如表 2-4 所示,中国大陆在东亚区域作为最终产品的提供者的地位在
1990—2010 年间不断提升,至 2010 年,中国大陆向东亚区域外提供最终产品占整
个东亚区域向区域外出口最终产品的 59%,具有绝对地位,这也充分说明了中国
大陆的"最终产品组装出口基地"的地位。

表 2-4 中国大陆最终产品出口至东亚区域外所占比例 （单位：%）

年　　份	1990	1991	1992	1993	1994	1995	1996	1997	1998	1999	2000
最终产品出口占比	10	12	15	17	19	20	22	23	25	28	28
年　　份	2001	2002	2003	2004	2005	2006	2007	2008	2009	2010	
最终产品出口占比	31	35	39	43	47	50	52	53	58	59	

数据来源：根据东亚产业经济研究所网站(http://www.rieti-tid.com)数据进行计算整理
得出。

注：这里,最终产品出口占比=中国大陆出口至东亚区域外的最终产品金额÷东亚区域所
有经济体出口至区域外的最终产品金额。

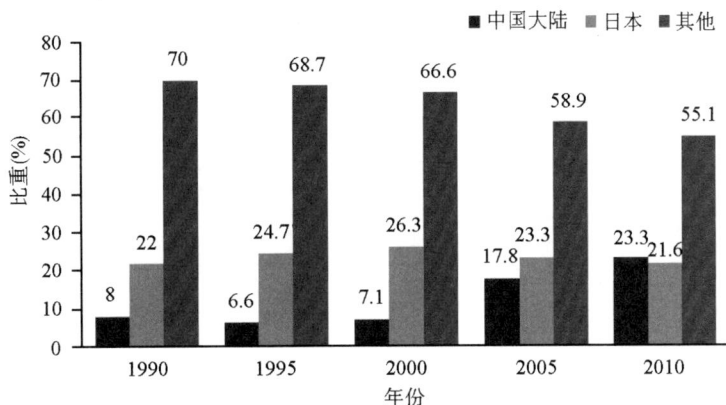

图 2-5　东亚经济体分工地位变化

数据来源：根据东亚产业经济研究所网站(http://www.rieti-tid.com)数据进行计算整理
得出。

注：图中比重代表东亚区域成员从区域内进口最终品额占区域最终品总进口额的百分
比。"其他"表示亚洲四小龙加上东盟经济体中的泰国、马来西亚、菲律宾和越南。

二、从零部件贸易来看各经济体的分工地位

（一）零部件贸易进出口差额

表 2-5　东亚各经济体零部件进出口差额变化　（单位：亿美元）

年份	中国大陆	日本	韩国	中国香港	新加坡	泰国	马来西亚	印度尼西亚	菲律宾	越南	中国台湾
1990	−41	239	−38	−17.2	−50.2	−38.2	−11.2	−19.9	−3.1	0.0	−19.9
1991	−58	276	−34	−25.0	−52.3	−32.1	−20.7	−22.1	−7.5	−0.1	−23.7
1992	−39	304	−36	−60.7	−53.2	−33.9	−26.7	−21.1	−4.6	−0.2	−27.8
1993	−30	378	−23	−106.6	−84.9	−43.2	−30.3	−25.8	−7.0	−0.4	−26.4
1994	−30	463	−5	−147.3	−131.7	−55.1	−38.8	−33.2	−3.0	−0.5	−18.3
1995	−22	566	21.7	−204.1	−192.2	−66.9	−43.3	−40.9	2.4	−0.5	−20.0
1996	−9.7	525	9.29	−210.3	−160.0	−73.6	−37.9	−31.9	−19.9	0.3	8.8
1997	2.16	499	16.4	−261.4	−152.7	−43.8	−18.7	−29.8	−23.7	−0.5	13.9
1998	−5.3	378	35.7	−243.8	−121.9	−16.7	−18.8	0.4	−12.5	2.7	2.6
1999	−21	411	16.5	−270.5	−152.8	−22.0	−11.0	14.4	4.5	−2.6	34.0
2000	−34	495	5.99	−382.3	−195.5	−29.6	27.7	9.2	54.4	−9.4	58.9
2001	−42	408	−0.38	−359.4	−142.9	−23.2	50.7	10.4	48.1	−5.2	56.0
2002	−91	467	36.3	−408.3	−137.9	−53.9	61.7	13.4	49.2	−7.2	72.3
2003	−21	575	82.9	−532.8	−143.4	−23.2	85.4	14.9	75.8	−10.8	92.4
2004	−29	667	189	−678.8	−189.5	−24.6	108.3	13.4	85.0	−8.1	130.2
2005	−300	665	288	−803.1	−220.1	−28.0	117.0	27.3	126.9	−12.5	143.4
2006	−350	664	380	−982.7	−220.5	−25.5	112.4	36.7	143.4	−14.7	254.7
2007	−490	664	359	−1016.6	−126.8	−35.2	77.5	17.8	245.5	−28.6	332.1
2008	−420	724	311	−1023.2	−165.8	−25.1	201.8	−82.4	147.6	−31.0	361.0
2009	−360	649	339	−949.3	−186.1	−22.8	185.1	−51.2	72.1	26.5	296.7
2010	−580	863	502	−1302.8	−160.0	−32.9	238.2	−88.5	138.3	43.0	378.7

　　数据来源：同表 2-1。本表中数据是指东亚各经济体的零部件出口额减去进口额，这里的零部件出口额指各经济体出口至东亚区域内的金额，零部件进口额是指各经济体从东亚区域内进口的金额。

为了初步判断东亚各经济体在产品内分工的地位。我们首先从东亚区域内部各经济体零部件贸易差额来进行分析。如表 2-5 所示,总体来看,日本在东亚区域内充当了零部件的最大净出口地,而且顺差金额随着时间增长呈不断上升趋势,其次是韩国和中国台湾。韩国在 1995 年及以后零部件由逆差转为顺差,并且顺差金额也不断增长,目前是东亚区域内第二大零部件净出口地。中国台湾从 1996 年以后也从零部件逆差地区转为顺差地区,顺差金额也在不断增长,目前是东亚区域内第三大零部件净出口地区。1997 年东亚金融危机以后,东盟的马来西亚和菲律宾从逆差扭转为顺差,成为东亚区域内的零部件净提供者,表明这些经济体参与零部件贸易的分工地位有上升。印度尼西亚在1997 年东亚金融危机后零部件贸易由逆差转为顺差,但从 2008 年全球金融危机后又由顺差变为逆差。越南在 2008 年金融危机以前一直是零部件逆差地,此后转为顺差地。中国大陆、中国香港、新加坡、泰国为东亚区域内零部件的净进口地。尤其是中国大陆和中国香港所占逆差最大,且呈越来越大趋势。Ng和 Yeats(2003)认为,如果一个经济体的零部件出口大于进口,这个经济体在产品内分工中就处在零部件的供应位置,如果其零部件的出口小于进口,这个经济体在产品内分工中就处在装配商位置。因此,若依据 Ng 和 Yeats 的判断标准,目前东亚区域内日本是最大的零部件生产地,其次是韩国和中国台湾,然后是东盟经济体马来西亚和菲律宾;目前东亚区域内零部件最大装配经济体是中国香港,然后是中国大陆、新加坡和泰国。

(二)零部件出口竞争力分析

以上 Ng 和 Yeats(2003)判断某一经济体在零部件贸易中的地位的标准,只能对该经济体在零部件贸易中的地位进行初步判断,不能详细说明该经济体的产品内分工优劣势地位。因为一个经济体即使是零部件的净出口地,也不代表它在产品内分工中的地位较高,有可能该个经济体出口的是低端零部件,进口的是高端零部件,只是出口的量更大[①]。因此,为了进一步分析东亚各经济体在产品内分工中的地位,以下采用 Balassa 显性比较优势 RCA 指数对东亚各经济体零部件分工优劣势进行分析。RCA 指数的计算公式为:

① 如蒲华林(2009)通过研究中国与世界主要贸易体之间的零部件贸易发现,绝大部分种类中国零部件的进口单价高于出口单价,这说明中国进口的是高端零部件,而出口的是低端零部件。

$$\mathrm{RCA}_{ij} = \frac{X_{ij}/X_j}{X_{iw}/X_w} \tag{2.1}$$

式中，X_{ij} 表示 j 经济体 i 产品的总出口值，X_j 表示 j 经济体所有产品的出口总值，X_{iw} 表示世界上 i 产品的出口总值，X_w 表示世界所有产品总出口值。关于显示性比较优势指数判断产品国际或区域竞争力的标准，如表 2-6 所示。

表 2-6　RCA 指数判断产品竞争力的一般标准

RCA 指数值范围	代表产品国际或区域竞争力情况
RCA<0.8	该经济体该产品的国际或区域竞争力很弱，为比较劣势产品
0.8<RCA<1.25	该经济体该产品具有中度的国际或区域竞争力
1.25<RCA<2.5	该经济体该产品具有较强的国际或区域竞争力
RCA<2.5	该经济体该产品具有极强的国际或区域竞争力，为比较优势产品

通过 RCA 指数可以比较不同国家或地区的产品在国际或区域市场上的竞争力。笔者依据公式(2.1)详细计算了 2010 年东亚各经济体 SITC 分类两位数零部件的 RCA 指数。由于数据来源与表 2-1 不同，是来自联合国 Comtrade 数据库，但这个数据库中缺少中国台湾的数据，因而，下面考察的经济体中没有中国台湾。计算所得东亚各经济体的零部件竞争力指数如表 2-7 所示。

根据表 2-7 中的 RCA 指数值可以看出，所研究的东亚经济体中，除了中国大陆、印度尼西亚和越南之外的经济体的 7 类零部件国际或区域出口竞争力较强，平均超过 1.25。为了更详细区分，接下来看该类别下的两位数计算结果：71 动力机械及设备零部件贸易，日本的 RCA 指数为 1.52，国际或区域出口竞争力较强。其他东亚各经济体的 RCA 指数均小于 0.8，国际或区域出口竞争力比较弱。72 特种工业专用设备贸易来看，新加坡的国际竞争力最强，日本和韩国具有中度出口竞争力，区域内其他经济体出口竞争力都比较弱。73 金工机械类零部件贸易来看，日本具有极强的国际竞争力，新加坡的出口竞争力也较强，中国大陆、韩国和中国香港具有中度出口竞争力，其他经济体竞争力比较弱。74 通用工业机械设备及零件来看，新加坡和日本的 RCA 指数均为 1.5 左右，出口竞争力较强，中国大陆、韩国、泰国具有中度出口竞争力，区域内其他经济体出口竞争力较弱。75 办公机械及自动设备来看，中国大陆、韩国、中国香港、马来西亚、泰国和菲律宾都具有极强的竞争力，印度尼西亚具有中度

表 2 - 7 2010 年东亚各经济体各部件出口竞争力指数

零部件类别	中国大陆	日本	韩国	中国香港	印尼	新加坡	马来西亚	泰国	菲律宾	越南
7 机械及运输设备	1.08	1.98	1.40	2.13	0.87	1.81	3.27	1.38	2.47	0.29
71 动力机械及设备	0.22	1.52	0.26	0.22	0.27	0.62	0.19	0.56	0.00	0.33
72 特种工业专用设备	0.37	1.04	0.85	0.24	0.47	1.79	0.37	0.19	0.10	0.11
73 金工机械	1.02	2.52	0.98	0.88	0.12	1.45	0.76	0.36	0.48	0.08
74 通用工业机械设备及零件	1.08	1.53	0.86	0.60	0.35	1.58	0.49	0.97	0.50	0.14
75 办公机械及自动设备	3.42	0.75	3.08	7.18	1.11	0.79	9.15	3.01	3.82	0.48
76 电信及声音录制与复制设备	4.43	5.59	7.40	18.72	3.13	5.81	6.42	3.46	4.16	0.28
77 电子机械,仪器和用具	1.64	3.40	1.46	3.91	1.80	4.71	10.44	1.92	8.39	0.56
78 公路交通工具	0.69	2.64	1.79	0.05	0.82	0.53	0.30	1.56	1.61	0.12
79 其他运输设备	0.11	0.38	0.14	0.05	0.19	0.80	0.45	0.98	0.01	0.13
8 杂项制品	0.77	1.98	0.55	1.65	0.30	1.03	1.13	1.36	0.28	2.76
81 预制建筑设备及装置	4.31	0.14	0.65	1.39	0.07	0.37	0.34	1.85	0.29	0.43
82 家具及零件	1.01	1.20	1.12	0.09	0.33	0.02	0.25	1.25	0.35	4.72
84 服装及配件	2.57	0.26	2.09	13.04	0.63	2.69	0.53	1.23	0.15	3.26
87 专业科学仪表	0.36	2.49	0.32	0.59	0.23	1.53	1.60	0.12	0.25	5.19
88 摄影器材,光学仪器、手表和钟表	4.78	11.47	2.62	22.75	0.74	5.31	5.95	20.33	1.74	12.52
89 未列名杂项制品	0.32	0.19	0.24	0.15	0.33	0.05	0.12	0.12	0.05	0.77
合计 SITC7+8	1.06	1.98	1.34	2.10	0.82	1.75	3.10	1.38	2.30	0.85

数据来源：根据联合国 Comtrade 数据库（http://comtrade.un.org）数据自行计算整理得出。

竞争力,其他经济体竞争力较弱。76 电信及声音录制与复制设备来看,考察的经济体除越南之外均具有极强的竞争力,前三名为中国香港、韩国和马来西亚。77 电子机械、仪器和用具来看,日本、中国香港、新加坡、马来西亚、菲律宾都具有极强的竞争力;中国大陆、韩国、印度尼西亚、泰国具有较强的竞争力。78 公路交通工具来看,日本的出口竞争力极强,RCA 指数为 2.64;韩国、泰国、菲律宾出口竞争力较强;其他经济体出口竞争力较弱。

再来看各经济体第 8 类零部件贸易的竞争力优劣势。平均来看,越南的第 8 类零部件出口国际或区域竞争力非常强,具有比较优势;其他如日本、中国香港、泰国等也较强。为了更详细区分,接下来看该类别下的两位数计算结果:中国大陆在 81 预制建筑设备及装置类别出口竞争力非常强。越南在 82 家具及零件类别的出口竞争力非常强。从 88 摄影器材、光学仪器、手表和钟表来看,中国大陆、日本、韩国、中国香港、马来西亚、新加坡、泰国都具有极强的竞争力。

根据上述分析,总体来看,可以得出如下结论:

首先,日本在高端零部件(如资本密集型零部件)上,如金工机械、电信及声音录制与复制设备、电子机械、仪器和用具及公路交通工具等领域仍具有极强的竞争力,在劳动密集型零部件中的专业科学仪器以及摄影器材、光学仪器、手表和钟表等领域也具有极强的竞争力。新兴工业经济体韩国、中国香港、新加坡等在资本密集型零部件上也具有较强竞争力。中国大陆及东盟经济体等则在低端零部件(劳动密集型类零部件)出口具有比较优势。

其次,中国与东盟其他发展中经济体的分工地位在不断提升。

最后,东亚不同经济体之间出现了在一些零部件产品上同时具有极强的竞争力,而在另外一些零部件产品上竞争力均较弱的局面,说明东亚经济体的零部件出口结构有一定程度的雷同。

本章小结

本章介绍了东亚产品内分工的发展概况。文章从三个角度来描述了东亚区域产品内分工的特征:

一是从东亚产品内分工与贸易的增长变化情况方面来阐述。在本章,主要以经济体之间的零部件贸易量来度量产品内分工程度。1990年以来,东亚区域零部件(出口)贸易占世界零部件贸易比重整体在增加,而北美自由贸易区和欧盟区域的零部件贸易占世界比重整体在下降。目前,东亚区域的零部件贸易量最大,占世界比重在三大区域(北美自由贸易区、欧盟和东亚)中居首位,为46.3%,取代了欧盟自1990年以来的位置,几乎为世界零部件贸易量的一半。并且东亚区域产品内分工与贸易活动逐渐内部化。

二是从东亚区域产品内分工与贸易的结构特征方面来阐述。这部分主要考察东亚区域内各经济体参与的产品内分工情况,比较不同经济体的参与程度区别。总体来看,无论从零部件出口所占区域比重还是从进口所占比重来看,东亚区域中,变化最大的经济体是中国大陆和日本,中国大陆参与产品内分工的比重在逐渐增大,并跃为首位,日本参与产品内分工的比重在逐渐减小,但仍占比较重要的地位。东盟各经济体(除新加坡外)参与产品内分工的比重基本处于增长态势,但整体水平比较低下。

三是从东亚区域各经济体在产品内分工体系中的地位方面来阐述。从东亚产品内分工的总体格局来看,20世纪90年代以后,逐渐由原来的旧"三角贸易"变为"新三角贸易"。从零部件贸易来看,目前东亚区域内最大的零部件生产地是日本,其次是韩国和中国台湾,然后是东盟经济体马来西亚和菲律宾;目前东亚区域内零部件最大装配经济体是中国香港,然后是中国大陆、新加坡和泰国。从零部件出口竞争力来看,日本在高端零部件(资本密集型零部件)产品上仍具有极强的竞争力,在劳动密集型零部件中的专业科学仪器以及摄影器材、光学仪器、手表和钟表等领域也具有极强的竞争力。新兴工业经济体韩国、中国香港、新加坡等在资本密集型零部件上也具有较强竞争力。中国大陆及东盟经济体在低端零部件(劳动密集型类零部件)出口上具有比较优势。中国大陆与东盟等经济体的分工地位在不断提升。东亚不同经济体之间的零部件出口结构有一定程度的雷同。

第三章

东亚产品内分工的动因：理论与实证分析

国际或区域贸易理论就是对国际或区域分工与贸易的成因进行分析的理论,是什么原因促使产品内分工得以形成与发展的呢? 本章将从分工与专业化的角度,分析产品内分工的收益与成本来源,在此基础上分析产品内分工强度的决定。最后,依据东亚 1990—2010 年间的产品内分工与贸易数据,采用面板数据模型检验东亚产品内分工的决定因素。

第一节　东亚产品内分工的动因：基于分工与专业化理论的一般分析

一、分工与专业化的收益

产品内分工是分工的进一步深化,是整个社会分工水平进一步提升的表现。从分工与专业化经济学的角度来看,分工与专业化一方面能获得收益,另一方面要受分工成本的约束。关于分工和专业化的好处,经济学家们尤其是古典经济学家已经进行了很多论述,这里做一个简单的归纳。分工的收益体现为分工产生的经济性,这种经济性有直接产生的和间接产生的两种。直接的经济性是指进行一定程度的分工以后,劳动生产率得以提高或者单位产品生产所需资源得以减少。间接的经济性是指分工程度提高能够促进生产

57

中的其他创新(如生产工具的创新),这些创新又会进一步提高劳动生产率或节省生产资源。

1. 分工和专业化的直接的经济性表现

(1) 分工与专业化使生产者(劳动者)将精力集中在较少的生产活动上(专门的产品或者工序),这样有利于提高熟练程度,也就意味着劳动生产率的提高。让社会在同样的劳动资源付出下可以提供更多的产品。这是分工与专业化最明显的经济性。在分工可以极大地提高劳动生产率的前提下,每个人专门从事一种物品(或者工序)的生产,然后彼此进行交换,最终对大家应该都是有利的。

(2) 分工与专业化使劳动者长时间专门从事(甚至终生)某种作业,可以节约变换工作或者变换不同工种而花费的时间。劳动者改变工作或者工种,中间要耗费一定的时间跟精力,如休息准备,学习新的技能等。这种节约在亚当·斯密看来比我们想象中要大。

(3) 分工与专业化可以使生产者节约投入生产所需要的资源。

(4) 分工和专业化可以减少工作中的失误、减少对复合技术工人的需求。

2. 分工和专业化的间接的经济性表现

(1) 它有利于技术水平的提高。分工后,每个参与主体专注于特定领域,可以更深入地进行研究,为新的技术的出现提供孵化空间。

(2) 会形成社会生产率提高的良性循环。由于分工和专业化会促进生产工具的创新,结果是生产工具的种类愈来愈多;同时,随着生产工具的发展,生产这些生产工具的机器设备也会出现,如此循环,社会分工专业化程度会越来越高,社会生产率也会提高得越来越快。

二、分工与专业化的成本

分工与专业化的成本通常称为交易成本。分工与专业化扩大能带来经济性的同时也要受交易成本的约束。关于交易成本的概念和内涵,不同学者给出了不同的观点。以下介绍比较有代表性的几种观点,并予以比较。早先有代表性的提出"交易成本"概念的是科斯。他在1937年发表的《企业的性质》将交易成本定义为直接交易过程中为达成交易(包括讨价还价和签订合同和执行合同等相关程序)所花费的各种费用。后来他又将交易成本定义为市场机制的运作费用。他本人对于交易成本的两种说法的内涵就是有差别的,后者的外延范围很广。后人所讲的通常意义上的交易成本均指前者,我们也叫狭义的交易成本。

后来的学者主要从交易成本产生的原因角度扩展该概念。威廉姆森(2004)按照交易成本产生的原因将交易分成了三种。一是古典交易,也就是完全市场交易,信息完全而充分,交易成本相对于其他类型是最小的。其次是新古典交易,它考虑了交易中存在的各种不确定性。他认为,在这种交易中会出现由于影响交易的环境变化而不履约的情况,会给交易方带来损失(他把这称为机会主义行为)。再次是关系型交易,在关系型交易中,除了考虑契约不完备和机会主义行为带来的交易成本之外,他还考虑了资产专用性引起的交易成本。此时,签订契约的费用比较繁杂,除了事前的起草、谈判和签订协议的成本,协议签订完后还包括很多其他的未尽事宜的成本:如交易偏离了契约准则而引起的成本、为防止机会主义行为发生而双方协商的成本等。应该说,威廉姆森的研究对于交易成本的概念更多地考虑了机会主义行为产生的交易成本,在测定成本大小时给企业会带来一定的难度。

张五常(1996)没有将机会主义行为引起的费用纳入交易成本,是因为机会主义行为如偷懒和不诚实并不是必然发生的,至少不像最大化假定那样普遍,因此没必要与交易成本连在一起。因此,我们也称之为狭义的交易成本。

综合以上各派观点,交易成本概念的分歧主要在于是否应该包括机会主义因素,如果包括机会主义因素,具体表现又有所区别。以下,对宽窄不同的交易成本概念进行归纳:我们将科斯最早描述的交易成本概念,或者说威廉姆森描述的古典型交易中的交易成本概念成为狭义的交易成本概念,也就是交易过程中直接产生的费用。我们将狭义的交易成本,再加上由机会主义导致的讨价还价的费用,以及由环境改变引起的损失称为广义的交易成本,如不做特殊说明,本书接下来考虑的是狭义的交易成本。

三、产品内分工程度的决定与变化

产品内分工,一方面可以给参与各方带来福利水平的增加,即收益;另一方面,分工水平的不断深化,还受交易成本的约束。一般来说,对参与产品内分工的具体最终产品而言,其生产过程中有多少工序能分离出来进行跨国或跨地区生产,是由该环节的分离产生的收益和成本共同决定的,只有在某种工序或环节的收益高于成本时,该工序或环节才能进入国际或区域专业化分工。从社会整体来看,产品内分工的广度即采用产品内分工的产品范围,同样是比较其相对收益和成本的选择结果。

如图 3-1 所示,横轴表示某种产品生产过程采用的产品内分工强度,纵轴表示产品内分工带来的收益。假定特定产品的工序分离成本一定,在利润最大化的驱使下产品内分工会从能带来预期收益最大的生产工序上开始,然后逐渐向预期收益较低的生产工序发展。也就是说,产品的每个生产工序会依据其能实现的收益大小先后分离出来进行跨国或跨地区专业化生产。因此,假定其他条件不变,当新的环节不断进入跨国或跨地区专业化生产时,其预期收益会逐渐下降。所以,如图 3-1 所示的特定产品的产品内分工的 MR 曲线是向右下方倾斜的。产品内分工的边际成本随着分工强度(或者参与分工的工序)的增加可能会有不同的变化。为了简化分析,假设这里特定产品的产品内分工的边际成本保持不变,即假定每新增一道工序,参与国际或地区间分工所增加的成本不变,用 MC 曲线表示,是一条水平线。如图 3-1 所示,根据企业利润最大化的条件,当 $MR=MC$ 时,产品内分工的均衡水平就决定了,图 3-1 中点 E 表示特定产品产品内分工强度的均衡水平。

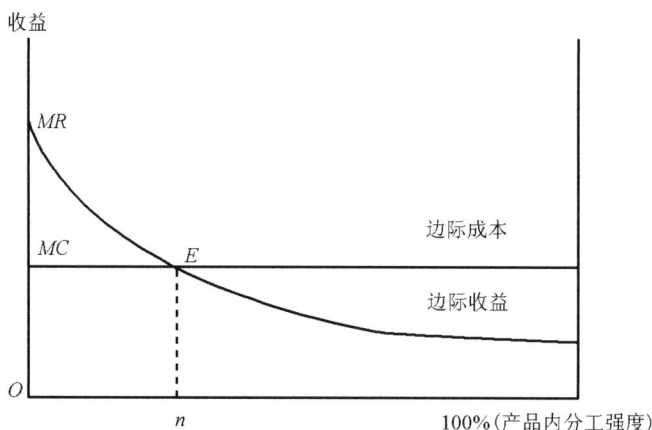

图 3-1　产品内分工强度的决定

以上讨论的是特定产品采用产品内分工强度的决定。若将图 3-1 中边际收益和成本看成是特定时期的整体平均水平,可以来理解产品内分工发展的历史进程(卢峰,2004)。理论上,产品内分工的收益水平变化和交易成本水平变化都会引起均衡产品内分工水平的变化。具体来看,某些原因引起的交易成本水平整体提高(如战争、贸易保护盛行时),会抑制产品内分工水平的发展;反之,则促进产品内分工的发展。某些原因引起的产品内分工收益水平整体提高(如科技进步使规模经济利益大幅度增加等)会促进产品内分工水平的发展;反之,则抑制产品内分工的发展。因此,理论上来看,东亚产品内分工自 20 世纪90 年代以来的快速发展,应当是产品内分工收益水平整体提高(表现为边际收益线向上移动)、产品内分工交易成本水平整体下降(表现为边际成本线大幅向下移动)或者是这两者的某种组合变动的结果。如图 3-2 所示,MC_1 表示原来的边际成本曲线,MC_2 表示交易成本水平大幅下降后的交易成本曲线,MR_1 表示原来的边际收益曲线,MR_2 表示收益水平上升后的边际收益曲线。这样,边际成本曲线向上移动,边际成本曲线向下移动,两者结合会导致社会产品内分工均衡点由 E_1 点移动到 E_2 点,从而产品内分工水平从 N_1 点移动到 N_2 点,出现了产品内分工水平的大幅度提升。

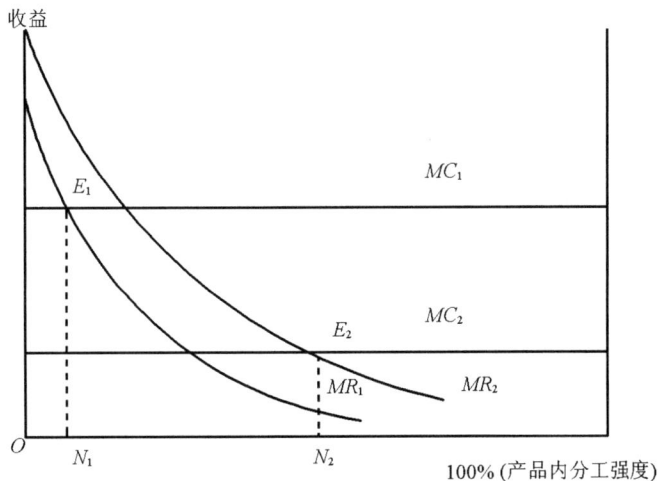

图 3-2　产品内分工水平的变化

以上我们从分工与专业化一般理论的角度分析东亚产品内分工水平大幅度发展的原因:来源于分工收益的大幅度提升或者分工成本的大幅度下降或者二者的结合,那么事实上,东亚产品内分工的收益来源于什么? 如何变化?东亚产品内分工的交易成本又是如何变化的呢? 接下来,笔者从国际或区域贸易理论的角度详细分析东亚产品内分工的收益源泉。然后,结合现实,分析东亚成品内分工的交易成本变化。

第二节 东亚产品内分工的收益源泉: 源于规模经济和比较优势的收益

从现有产品内分工的理论来看,产品内分工的收益主要来源于规模经济和比较优势,前者说明产品内分工与专业化的一般收益,后者说明了工序分工的国别或区域选择。

一、产品内分工与规模经济利益

前面我们详细论述了分工与专业化带来的经济性的不同表现,概括起来,实际上就是单位生产费用(生产成本)的节约,盛洪(2004)将其归结为"分工所带来的规模经济性"。规模经济一般又分为内部规模经济和外部规模经济,两者都会影响分工方式。接下来分别进行说明。

(一)内部规模经济

内部规模经济表示,在个别厂商长期生产过程中,随着生产规模不断扩大(即产量不断增加)而平均成本(即单位产出的成本)下降时的情况。如图 3-3 所示,横轴表示特定产品产量,纵轴表示长期平均成本,根据微观经济学规律,长期平均成本是一条先下降后上升的 U 形曲线。在图 3-3 中,E 点是 LAC 的最低点,表明生产规模为 Q_0 时单位生产成本最低,我们称为最适规模。位于平均成本线曲线 E 点左侧存在规模经济,此时厂商不断扩大规模,单位产品的成本会不断下降,表明此时厂商通过扩大规模可以节省成本来提高资源配置效率。而在 E 点右侧,表明随着规模(产量)不断扩大平均成本(单位产品成本)在不断增加,称为规模不经济。

厂商的目标是实现利润最大化生产,理论上厂商应该采用最适生产规模来生产。这对于特定产品来说是如此,对于特定产品的每个工序的生产来说也是如此。对于特定产品来说,生产该产品的不同零部件或不同的工序由于各自技术要求不一致导致其最适生产规模是不一样的。因此,按照新古典经济学的观点,假定生产技术水平一定、社会需求结构不变,生产资源的最优配置应该意味着每一种产品的每一种最基本的工序都达到了最适规模。此时,资源配置是一种极端专业化的配置。

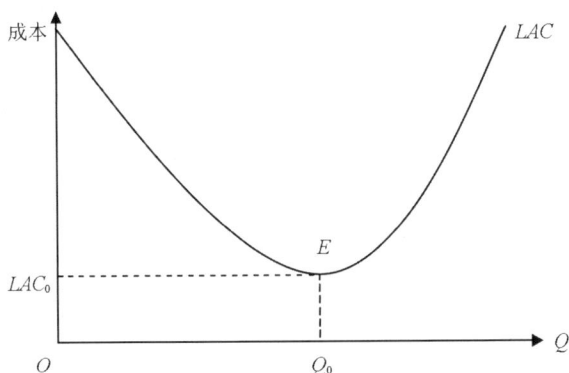

图 3-3　内部规模经济与规模不经济

但这种极端专业化的情况只是一种理想情况。实际上,在专业化程度较低的情况下,如没有实现产品内分工时或产品内分工不发达时,许多零部件或工艺阶段的生产没有互相分离,生产一种产品时必然有许多该产品的零部件或工序没有达到最适生产规模。厂商为了利润的最大化,就必然努力推进专业化,以便享受零部件或工序的生产达到最适生产规模所带来的利益。显然,由生产技术因素引起的各种工序(或者说生产活动的基本操作)之间的最适规模的不匹配是人们推进专业化发展的重要原因之一。

也就是说,产品内分工是生产者不断追求最适生产规模实现资源最优配置的必然选择。以下,为了说明产品内分工带来的规模经济,进行详细的逻辑推理。

如图 3-4[①]所示,假设某种产品的生产可分为三道工序,分别为工序 1、2、3。由于每种工序的技术要求不同,每种工序的最适生产规模也不同。三种工序的长期平均成本曲线如图 3-4 中的曲线 1、曲线 2 和曲线 3 所示。三种工序的平均成本曲线最低点对应的生产规模分别为 Q_1、Q_2、Q_3,分别代表三种工序

---

① 卢峰:《产品内分工》,《经济学》2004 年第 4 期,第 55-82 页。

的最适生产规模。如果不采取产品内分工,产品的三种工序均由一个企业承担。则该企业只能选择其中某一个生产阶段的最适规模进行全部阶段的生产。如图 3-4 所示,假设第一个工序是最关键的生产阶段,则整个生产的最适规模为 Q_1,这样第二个工序和第三个工序就偏离最适规模,无法实现规模经济利益。如图 3-4 所示,此时工序 2 的平均成本就比最适规模时要高,而工序 3 的平均成本更高。此时总的生产成本为右部的多边形(梯形)表示的生产总成本(以工序 1 的最适规模决定的生产)。这样图中面积 S_1、S_2 就可以表示没有达到每个工序均实现最优规模时的损失。换句话说,如果能够进行产品内分工,使工序 2、3 分离出去,并安排到不同的国家和地区进行生产,实现每道工序的最优规模,S_1 和 S_2 就是潜在的分工收益来源。

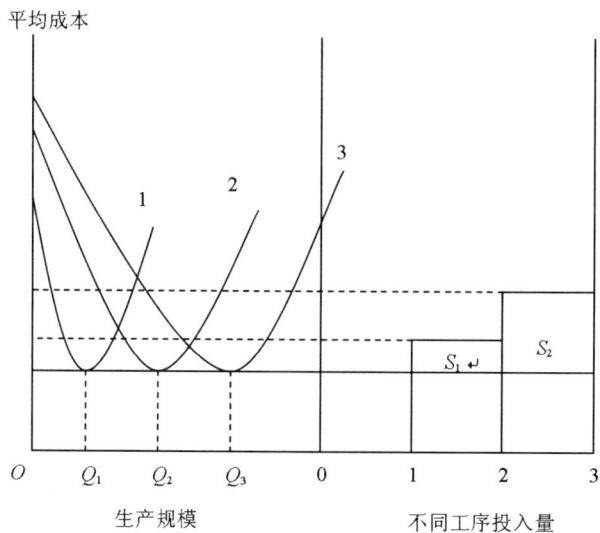

图 3-4　产品内分工的规模经济

(二)外部规模经济

外部规模经济的概念是由马歇尔(1965)首先提出来的,他认为这种经济往往能因许多性质相似的小型企业集中在特定的地方——即通常所说的工业地区分布——而获得。也就是说,外部规模经济是由于地区意义上的产业集聚造成的,一个地区的某个产业里存在许多相对较小的厂商,且市场结构接近完全竞争的状态,非常有利于降低整个行业的生产成本。具体来说,这种地区专业化可以带来以下好处:降低思想传播和信息交流成本;降低买方搜索信息等成本；共享某些需要特别大规模的机械设备，降低平均成本；降低工人和管理人员相互匹配的搜索成本等（马歇尔，1965）。

从微观经济学的角度，当企业的经营出现外部规模经济时，就表现为在每一种规模下的单位生产成本都有所下降，因而最适规模的单位成本也有所下降，这对这个产业中的每个企业都是有利的。如图 3-5 所示，产品内分工的外部规模经济用图形表示就意味着长期平均成本曲线的整体下移，从 LAC_1 平移至 LAC_2，在其他条件（技术水平和市场需求）不变的前提下，厂商的最适规模没变，仍然为 Q_0，但是最适规模时的单位成本从 AC_0 下降到了 AC'_0。

产品内分工，会使同一产品生产有更多机会享受外部规模经济。产品内的工序或零部件专业化生产会通过降低其平均成本而降低中间产品的价格，以这些中间产品作为投入品的最终产品的平均成本也会随之降低，从而给最终产品生产企业带来经济利润。

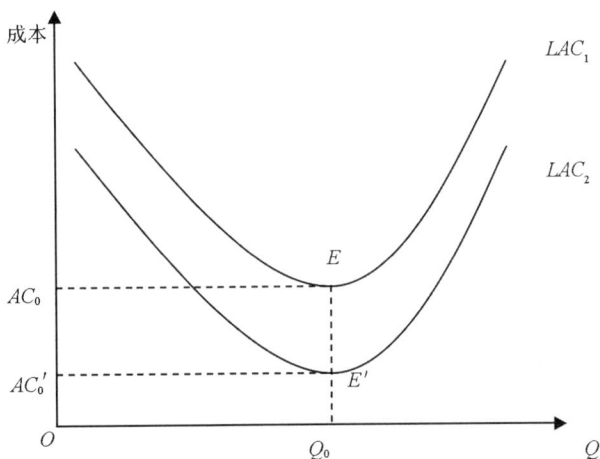

图 3-5　外部规模经济

产品内分工会鼓励跨行业的类似生产环节的集聚，若市场规模能够容纳大量的中间产品供应商，则这些企业可能会集中在某个区域，形成马歇尔观察到的外部规模经济。具体而言，可以表现为：一是可以共享基础设施，最大化地利用基础设施，节省成本。二是可以共享辅助行业提供的特种设备或专门服务。三是便于形成一个完善的专有技术劳动力市场，为企业提供所需的熟练劳动力或技术工人。对企业来说，搜寻合适的劳动力、将非熟练劳动力培养成熟练劳动力都需要花费成本,在一个产业集聚区可以降低这样的成本(克鲁格曼, 1991)。四是可以扩大市场容量,降低交易成本。市场越有厚度,说明集聚的中间产品供应商数量越多。对最终产品生产者而言,找到匹配的中间商就越容易,可以节省大量的搜寻成本。

二、产品内分工与比较优势利益

由上可知,规模经济说明了产品内分工可能带来的收益增加,但是这一分析本身没有说明产品内的工序中国别或地区分布结构。在国际或区域贸易领域里,许多学者将传统贸易领域的比较优势理论进行扩展,用来说明产品内分工与贸易的国别或地区选择。接下来,本书在 Findlay 和 Jones(2001)的"扩大的李嘉图模型"基础上,分析产品内分工与贸易模式的决定。

(一)模型的基本假设

考虑产品内分工时,存在中间产品贸易,为了将产品内贸易纳入李嘉图模型框架,将李嘉图模型的假设进行变化,新的基本假定如表 3-1 所示。

表 3-1　模型的基本假设条件

相关项目	基本假定
关于产品和要素的种类	有两个国家或地区 A、B,生产两种最终商品 X、Y,还有一种中间产品 Z。生产要素只有两种,一种为劳动力,用 L 表示;一种为自然资源,用 N 表示
关于市场结构	商品 X 和 Y 的市场是完全竞争市场,其价格 P_x、P_y 由完全竞争的世界市场决定,相对于两国或地区而言是外生变量。并且两个国家或地区内部的要素市场为完全竞争且充分就业
关于要素的流动性	要素可在同一国或地区内的两个部门之间自由移动,但在国际或地区间之间则不能移动
要素报酬率	劳动的报酬工资率为 w,自然资源的报酬率为 r_n
最终商品与中间商品的投入需求情况	最终商品 X 的生产只需投入单一生产要素劳动力;最终商品 Y 的生产需投入劳动力要素与中间产品 Z,中间产品 Z 的生产需投入劳动 L 和自然资源 N

相关项目	基本假定
关于生产技术水平	每种商品(包括中间产品和最终产品)生产的技术水平是不同的,用投入－产出系数 a 表示,并且假定是固定的。商品 X 的投入－产出系数为 a_{LX},表示生产 1 单位商品 X 需投入的劳动量为 a_{LX}。商品 Y 的劳动投入－产出系数和中间产品投入－产出系数分别为 a_{LY} 和 a_{ZY},表示生产 1 单位 Y 商品需同时投入劳动量和中间产品量分别为 a_{LY} 和 a_{ZY}。中间产品 Z 的劳动投入－产出系数和自然资源投入－产出系数分别为 a_{LZ} 和 a_{NZ},表示生产 1 单位 Z 需要同时投入劳动量和自然资源量分别为 a_{LZ} 和 a_{NZ}
中间产品价格决定	假定中间产品 Z 的生产与最终产品 Y 的生产在技术上是可以分离的,但是由于关税壁垒、运输成本较高或其他交易障碍的存在,导致中间产品贸易无法展开,中间产品 Z 必须在本国或本地生产,且全部投入用于 Y 商品的生产

（二）产品内分工与贸易形态的决定

产品内分工与贸易形态的确定,就是确定各种产品(包括中间产品和最终产品)的进口地和出口地,即确定分工与贸易的国别或地区分布结构。依据传统的李嘉图的比较成本理论,对于最终产品的生产,不同国家或地区的比较优势不一样,每个国家或地区都可以专业化的生产并出口其生产成本相对较低(即具有比较优势)的产品,同时进口其生产成本相对较高(即具有比较劣势)的产品,这样,每个国家或地区都能从国际或区域贸易中获得好处。那么,当中间产品也可以贸易时,产品内的分工模式又如何呢？接下来对此进行详细分析。

根据基本假设条件,当要素和商品市场都处于完全竞争的均衡状态时,存在以下等式：

$$a_{LZ} \cdot w + a_{NZ} \cdot r_n = P_Z \tag{3.1}$$

$$a_{LX} \cdot w = P_X \tag{3.2}$$

$$a_{LY} \cdot w + a_{ZY} \cdot P_Z = P_Y \tag{3.3}$$

由式(3.2)和式(3.3)可得：

$$a_{LY}/a_{LX} + a_{ZY} \cdot (P_Z/P_X) = P_Y/P_X \tag{3.4}$$

式(3.1)表示在没有中间产品国际或区域贸易时,中间产品价格由国内或区域内要素投入量决定。式(3.4)中右边表示为 Y 商品(相对于 X 商品)的相对价格,式子左边(P_X)表示中间商品 Z(相对于 X 商品)的相对价格。因此,整个式(3.4)表明了最终商品 Y 的相对价格与中间产品 Z 的相对价格之间的关系。

同时,再详细的分析式(3.4)左边的构成部分,它实际上表示了生产 1 单位商品 Y 相对于生产商品 X 的机会成本。

贸易模式就取决于相对价格与相对成本的大小比较。当一国或地区生产 Y 的机会成本大于相对价格时,就不生产 Y 商品,只生产 X 商品;当一国或地区生产 Y 的机会成本小于相对价格时,就选择生产 Y 商品,不生产 X 商品;当生产 Y 的机会成本与相对价格相等时,可以同时生产两种商品。

接下来用图 3-6 说明存在中间产品贸易和不存在中间产品贸易时 A、B 两个经济体的国际或区域分工。

首先,为了对 A、B 两个经济体的比较优势进行区分,假定 $r_{nA}<r_{nB}$;在没有产品内分工与贸易时,该假定意味着 A 经济体生产中间产品 Z 的价格更低,即 $P_{ZA}<P_{ZB}$,这样 $(P_Z/P_X)^A<(P_Z/P_X)^B$,A 经济体在生产中间产品 Z 上具有资源禀赋比较优势。同时假定 B 经济体生产 Y 商品具有劳动生产率的比较优势,即 $\left(\frac{a_{LY}}{a_{LX}}\right)^B<\left(\frac{a_{LY}}{a_{LX}}\right)^A$,而且 B 经济体将中间产品投入生成 Y 的技术水平比 A 经济体高,即 $a_{ZY}^B<a_{ZY}^A$。两种比较优势的大小决定了分工与贸易的模式。

依据式(3.4),横纵坐标分别表示商品 Y 和 Z 的相对价格。A、B 两经济体单位商品 Y 的机会成本线用直线 A、B 表示,与纵坐标的交点即 $\frac{a_{LY}}{a_{LX}}$,分别表示两个经济体生产单位商品 Y 相对于 X 的劳动投入。由于假定 $\left(\frac{a_{LY}}{a_{LX}}\right)^B<\left(\frac{a_{LY}}{a_{LX}}\right)^A$,因此直线 B 的纵截距小于 A 的纵截距;两条直线的斜率为 a_{ZY},表示两个经济体生产单位商品 Y 所需投入的中间产品数量,即将中间产品投入生产最终产品 Y 的生产率水平。由于我们假定 $a_{ZY}^B<a_{ZY}^A$,因而直线 B 的斜率就小于直线 A 的斜率。这样,分工和贸易模式取决于 Y 的相对价格,如表 3-2 所示。

表 3-2　分工模式的决定

Y 的相对价格所处范围	分工与贸易模式
既在 A 经济体也在 B 经济体机会成本线的上方	A、B 两经济体都生产商品 X
既在 A 经济体也在 B 经济体机会成本线的下方	A、B 两经济体都生产商品 Y
位于 A 经济体机会成本线之下、B 经济体机会成本线之上	A 经济体专门生产 X,而 B 经济体专门生产 Y

现在首先分析不存在中间产品贸易 A、B 两经济体的国际或区域分工。如图 3-6 所示，如果假定 Y 商品在世界市场的相对价格为 $\left(\dfrac{P_Y}{P_X}\right)^w$，$A$ 经济体资源相对更廉价，即 $(P_Z/P_X)^A < (P_Z/P_X)^B$。$B$ 经济体劳动力更廉价并且技术水平更高，即 $\left(\dfrac{a_{LY}}{a_{LX}}\right)^B < \left(\dfrac{a_{LY}}{a_{LX}}\right)^A$，且 $a_{ZY}^B < a_{ZY}^A$。在图中，A、B 两经济体各自的机会成本线和与中间产品 Z 的相对价格线分别交于 C 点和 D 点，这两点分别表示两经济体的机会成本。如图 3-6 所示，C 点低于 D 点，说明 C 点 Y 商品的机会成本比 D 点低，同时世界市场上 Y 商品的相对价格 $\left(\dfrac{P_Y}{P_X}\right)^w$ 在 D 点之下，在 C 点之上，根据表 3-2 的分工与贸易模式结论，A 经济体具有生产 Y 的比较优势，而 B 经济体具有生产 X 的比较优势。此时，分工格局会为 A 经济体生产并出口 Y 商品，B 经济体生产并出口 X 商品，中间产品由各自国家或地区内部生产，不进入国际或区域市场流通。

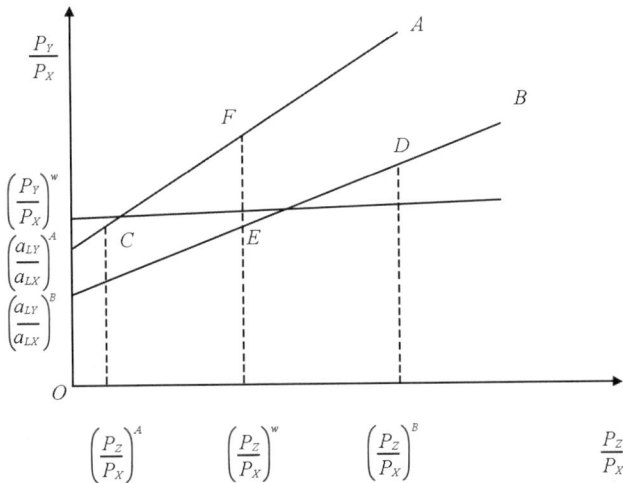

图 3-6 扩大的李嘉图模型

接下来分析存在中间产品贸易的情况。如果由于交易成本的下降或其他因素使得中间产品也可贸易，并且在世界范围达到均衡价格，记为 $\left(\dfrac{P_Z}{P_X}\right)^w$，且 $(P_Z/P_X)^A < \left(\dfrac{P_Z}{P_X}\right)^w < (P_Z/P_X)^B$。此时，如图 3-6 所示，两个经济体的中间产

品相对价格线是一致的,均为 $\frac{P_Z}{P_X} = \left(\frac{P_Z}{P_X}\right)^w$,该相对价格线与 A、B 两经济体生产 Y 商品的机会成本线分别相交于 F 点与 E 点。根据 E、F 两点的位置可知 B 经济体具有生产 Y 的优势。因此此时如果国际或区域市场上 X、Y 商品的价格 $\left(\frac{P_Y}{P_X}\right)^w$ 不变的话,Y 商品的生产地点发生了改变,在 B 经济体进行,X 商品则由 A 经济体来生产(因为 Y 的相对价格线位于 E 点和 F 点之间)。但与此同时,从中间产品的生产来看,因为 $(P_Z/P_X)^A < (P_Z/P_X)^B$,$A$ 经济体生产中间产品 Z 仍具有比较优势,因此 A 经济体应该生产并出口中间产品 Z(假定技术水平支持中间产品的分离)。这样,我们可以看到,由于产品内分工引起的中间产品贸易,最终产品 Y 由 A 经济体变为 B 经济体生产。此时的分工与贸易格局变为:A 经济体生产并出口最终产品 X,同时生产并向 B 经济体出口中间产品 Z;B 经济体进口中间产品 Z 并生产最终产品 Y,并向 A 经济体出口。这样分工的结局如同传统的李嘉图模型一样,各国或地区都可以从贸易中获得利益。

(三) 结 论

该模型的分析表明,当中间产品变得可贸易以后,会由于中间产品的比较优势而带来最终产品的比较优势的改变。产品内分工与贸易的发生,使 Y 商品可以进行工序分离并跨境专业化生产,两经济体各自发挥自己的优势,分工的结果是两经济体均可能获得更多的收益。A 经济体专业化生产中间投入品 Z,进一步深化扩展了其比较优势的发挥,通过国际或区域贸易与交换,A 经济体用中间投入品 Z 所换得的商品数量会比完整生产 Y 商品所换得的商品数量会更多。而 B 经济体通过获得更加廉价的中间产品来生产最终产品 Y,能获得比原来更多的利润。对于 B 经济体来说,中间产品的相对价格至关重要。只要满足 $(P_Z/P_X)^A <$ $\left(\frac{P_Z}{P_X}\right)^w < (P_Z/P_X)^B$,且 $\left(\frac{a_{LY}}{a_{LX}}\right)^B + a_{ZY}^B \left(\frac{P_Z}{P_X}\right)^w \leqslant \left(\frac{P_Y}{P_X}\right)^w$,$B$ 经济体就会选择从 A 经济体进口中间产品 Z。

由此可知,当中间投入品可以贸易时,生产中间投入品的要素禀赋的差异决定了中间投入品的相对价格高低,在此基础上决定产品工序或阶段的国别或地区分配。模型中的比较优势体现为以劳动生产率差异与资源禀赋差异为基础的比较成本。一般而言,在影响产品内贸易的实际因素中,常见的是以资源禀赋差异为基础的比较优势,当然技术水平差异引起的生产率差异也是很重要的比较优势的决定因素。

产品内各个工序的生产按照比较优势进行国别或区域分工，可以让贸易各方获得更多的利益。产品内分工的深化让一些仅具有某些要素禀赋比较优势的发展中国家和地区也能参与国际或地区间分工，从而解释了东亚发展中国家和地区为什么也能生产和出口一些资本密集型和技术密集型产品。

第三节　东亚产品内分工的交易成本变化

一、交易成本对产品内分工的影响

之前，我们说明了产品内分工与贸易的利益基础和源泉是规模经济和比较优势，但是，上述研究只涉及生产成本，而没有考虑交易成本。在微观企业进行贸易决策时，必须考虑交易成本。在产品内分工与贸易下，同一最终产品的生产会被分成很多阶段分布在不同国家或地区进行，中间产品常常需要多次跨越不同国境或地区，由此会产生一系列的交易成本，包括运输费用、通信费用、关税、契约签订与履行成本等。在前面我们通过分工与专业化的一般分析说明，对于具体的企业而言，只有当其采取产品内分工获得的收益大于交易成本时，才会采取现实的产品内分工。若交易成本过高，使得决策企业的利润为 0 或负数，就不会发生产品内分工与贸易。在实际经济运行中，交易成本对国际或区域贸易的影响是要经历一个由量变到质变的过程。早期，由于交通运输不发达，当交易成本很高时，产品内分工的成本超过收益，所以此时不会发生国际范围的产品内分工，但一般产品间贸易会增加；只有当交易成本降低到某一临界水平之下，使得产品内分工与贸易带来的收益超过交易成本时，才会催生产品内分工与贸易。

同一个最终产品，在没有将其生产工序或零部件进行拆分然后分布不同国家或地区进行生产再组装——即产品内分工之前，需要进行交易的次数少得多，而一旦进行产品内分工，同一个最终产品的生产就会涉及不同国家或地区之间中间产品的多次跨境交易，此时，（单次）交易成本对产品内分工与贸易显得非常重要。许多学者研究了交易成本变化对近来产品内分工与贸易的影响。Jones 和 Kierzkowski(2000,2001)比较详细地研究了交易成本对与国际或区域分割生产的影响,强调了交易成本降低对产品内分工与贸易得以实现的重要意义。在文章里,他们将交易成本称为"服务联系成本"(service link cost),包括运输成本、联系成本和协调成本等。而 Venables(1999)专门研究了运输成本的下降的影响。Deardorff(2001)等认为专业化服务差异大会阻碍落后国家或地区出口的零部件范围,从而阻碍国际或区域生产的片断化。Grossman 和 Helpman(2002)的分析更加全面,从广义交易成本角度考察了对外包这种产品内分工形式的决定作用。他们认为定制化投入品的相对成本、市场搜寻的相对成本以及各个经济体的契约环境性质等都影响交易成本的大小,从而影响企业国际或区域外包的决策。应该说,从广义角度来看,交易成本对产品内分工的影响,除了考虑包括包装、运输、处理、销售等成本以外,不同工序生产区位的基础设施、法律制度、经济政策、行政效率等都会影响产品内分工。

特别要说明的是,产品内分工引起的贸易与以往的产品间贸易不一样的是,中间产品贸易对贸易成本的反应非常敏感。因为对于同一个最终产品而言,其涉及中间产品会多次跨境交易,单次国际或区域贸易成本的下降对同一最终产品涉及全部工序的分工总成本而言会有一种乘数放大的效应。Yi(1999,2001,2003)较早发现并解释了这种现象。他发现 1962—1985 年间,世界出口贸易对于关税变动的弹性系数为 7,而 1986—1999 年间世界出口对于关税变动的弹性系数迅速上升为 50。他将这种贸易增长现象称为"非线性的贸易增长"。Yi 通过扩大的动态李嘉图模型,解释了这个现象:认为垂直专业化分工导致了关税下降的非线性贸易反应,并且它能解释世界贸易增长的 50%。很多学者还对该乘数放大效应进行了实证,Hanson(2001),Mataloni 和 Slaughter(2003)等人也通过实证研究发现中间投入品的需求价格是富有弹性的,证实了该乘数放大效应。

二、东亚产品内分工的交易成本变化

既然交易成本的降低对产品内分工如此重要,接下来详细看一下东亚区域内产品内分工与贸易的成本是如何变化的。自 20 世纪 90 年代以来,从以下几个方面来看,东亚区域交易成本出现了大幅下降。

(一)关税的普遍降低

关税是贸易成本中非常重要的组成部分。20 世纪 80 年代以来,东亚各经济体实行出口导向政策,东亚发展中国家或地区均积极加入 WTO 等世界贸易组织,目前以下经济体均已经是世贸组织成员：马来西亚(1995)、缅甸(1995)、新加坡(1995)、日本(1995)、泰国(1995)、印度尼西亚(1995)、中国大陆(2001)、中国香港(1995)、中国澳门(1995)、中国台北(2002)、韩国(1995)、菲律宾(1995)、越南(2007)[①]。东亚各经济体的关税水平均已大幅度下降,这大大促进了东亚区域产品内分工与贸易的发展。如表 3.3 所示,仅以工业制造品的加权平均关税来看,从 1990 年以来,东亚各经济体的关税水平均在不断下降。到2010 年为止,中国香港和新加坡最低,均为 0,即工业品不征收关税。其次是日本,为 1.6%。而从关税下降幅度来看,中国大陆与泰国的下降幅度最大。中国大陆从 1992 年的 36.41% 下降至 2010 年的 5.63%,下降了 30 个百分点;泰国从 1993 年的 35.09% 下降至 2009 年的 6.14%,也下降了将近 30 个百分点。目前,考察的东亚经济体中工业制造品关税最高的是越南,为 5.58%,但从历史来看,越南的关税从 1994 年以来也下降了不少,为 7 个百分点。当然,东亚大部分经济体的关税水平已经比较低了,但与欧美经济体相比(至 2010 年,美国的该指标为 2%,欧盟为 2.34%),中国大陆、韩国、泰国、菲律宾和越南的关税还比较高,仍有下降空间。

（二）交通运输成本的下降

科学技术水平在交通运输领域大广泛使用,使跨境交通成本大幅下降。

表 3-3　东亚经济体工业制造品的加权平均适用关税　　　　（单位：%）

年份	中国大陆	中国香港	印度尼西亚	日本	韩国	马来西亚	新加坡	泰国	菲律宾	越南
1990	—	—	15.82	2.22	11.51	—	—	—	14.97	—
1991	—	—	—	2.26	—	10.63	—	32.83	—	—
1992	36.41	—	—	2.36	9.9	—	—	—	14.93	—
1993	33.28	—	14.51	2.44	—	9.11	—	35.09	15.3	—
1994	30.72	—	—	2.34	—	—	—	—	15.02	12.68

---

① 括号里的内容为各经济体加入世贸组织的年份。

续　表

年份	中国大陆	中国香港	印度尼西亚	日本	韩国	马来西亚	新加坡	泰国	菲律宾	越南
1995	—	—	13.11	1.96	7.43	—	0	15.38	14.25	—
1996	18.43	—	9.36	2.33	7.63	6.41	—	—	—	—
1997	14.85	—	—	1.58	—	5.21	—	—	—	—
1998	14.8	0	—	1.46	—	—	—	—	5.69	—
1999	14.03	—	8.11	1.41	6.24	—	—	—	5.75	14.56
2000	13.62	—	6.71	1.23	—	—	—	10.12	3.53	—
2001	12.96	—	5.25	1.86	—	4.72	0	9.67	3.21	16.48
2002	—	—	5.91	1.71	5.02	4.59	0	—	2.09	15.03
2003	6.69	—	4.28	1.61	—	4.45	0	9.4	2.02	12.9
2004	5.93	—	4.97	1.57	4.51	—	0	—	2.73	13.16
2005	5.35	0	4.74	1.49	—	4.85	0	5.86	2.81	12.76
2006	4.59	0	4.63	1.72	4.48	3.72	0	5.78	2.79	10.76
2007	5.61	0	4.42	2.22	4.8	3.41	0	5.34	2.68	11.01
2008	5.31	0	—	1.63	—	3.91	0	5.64	4.1	5.9
2009	5.8	0	3.54	1.68	4.69	3.66	0	6.14	4.64	—
2010	5.63	0	2.93	1.66	5.06	—	0	—	4.65	5.58

数据来源：世界银行数据库（The World Bank Database，http：//data.worldbark.org.cn）。
注：表格中，数据缺失的地方以"—"表示。

1. 海上货物运输成本大幅下降

Lundgren(1996)研究表明，铁矿、煤炭等大宗货物的运输成本随着全球海洋运输技术的不断进步已经大大降低。他通过统计数据研究发现当代海上运输技术进步使平均运费成本降低了 65%～70%，是海洋运输的"第三次革命"①。与此同时，国家或区域海洋集装箱的运输技术与数量的快速发展，使得海上运输的效率得到了巨大提高。集装箱货物运量在整个海运贸易中

———————

① Lundgren(1996)研究煤炭、谷物和铁矿等三种干燥大宗物品(dry bulk commodities)过去几十年远洋运输成本变动情况，并用"第三次革命"来表达有关当代海洋运输成本下降的乐观评价。

的比重已经从 20 世纪 60 年代的 12%～14% 上升到目前的 23% 左右①。目前,东亚经济体的平均每单位集装箱的进出口成本远远低于欧美经济体。如表 3-4 所示,在东亚,每单位集装箱货物运输的出口成本马来西亚最低,其次是新加坡,最高为日本。每单位集装箱货物运输的进口成本排名与出口成本排名相同。因此,东亚发展中经济体在运输成本方面比欧美发达经济体低得多(差不多为后者的 50%),非常有利于这些发展中经济体参与国际或地区间产品内分工。

表 3-4　2012 年东亚经济体单位集装箱的进出口成本　　（单位：美元）

成本	中国大陆	中国香港	印度尼西亚	日本	韩国	马来西亚	菲律宾	新加坡	泰国	越南	美国	欧盟
出口成本	580	575	644	880	665	435	585	456	585	610	1090	1004
进口成本	615	565	660	970	695	420	660	439	750	600	1315	1072

数据来源：世界银行数库（The World Bank Database，http：//data.worldbank.org.cn）。

2. 全球航空运输技术也大大进步,其运输费用下降的幅度超过了海洋运输费用的下降幅度

产品内分工工序衔接多,跨境次数也多,因而为了适应中断消费者的需要,运输速度显得非常重要。航空运输正好满足了产品内分工的需要。只是在历史上,航空运费比较高,航空货运量一直落后于海洋运输。而从 20 世纪 50 年代以来,全球范围内的航空运输大幅下降。世界发展报告（2009）②表明世界航空货运的价格跌至 1955 年水平的 6%。不定期船运服务的价格也跌至 1960 年水平的 50%。Hummels(1999)研究也表明,1955—1996 年间,世界航空单位运输费用不断下降,如表 3-5 所示。

因此,东亚区域的航空货运量得到了大幅增长。如图 3-7 所示,东亚各经济体在 1990—2010 年间航空货运量基本呈上升趋势,尤其是中国大陆,一直增长,至 2010 年,已经超过了其他各经济体,达到 17441.35（百万吨·千米）。

①　魏际刚,胡吉平：《基于宏观经济分析的中国集装箱运输形成与发展机理研究》,《铁道经济研究》,2000(4),第 33 页。

②　世界银行：《2009 年世界发展报告》（Word Development Report）,第 6 章。

表 3 - 5　1955—1996 年间国际航空运输总收入上升和单位运费下降情况

时　　间	年均运费收入增长率(%)	吨公里运费年均下降率(%)
1955—1960 年	5.7	9.0
1960—1970 年	10.1	8.5
1970—1980 年	10.3	1.8
1980—1990 年	1.7	6.3
1990—1996 年	5.1	3.0

资料来源:海默:《国际交通成本下降了吗?》,《芝加哥大学学报》1999 年第 1 期,表 4。

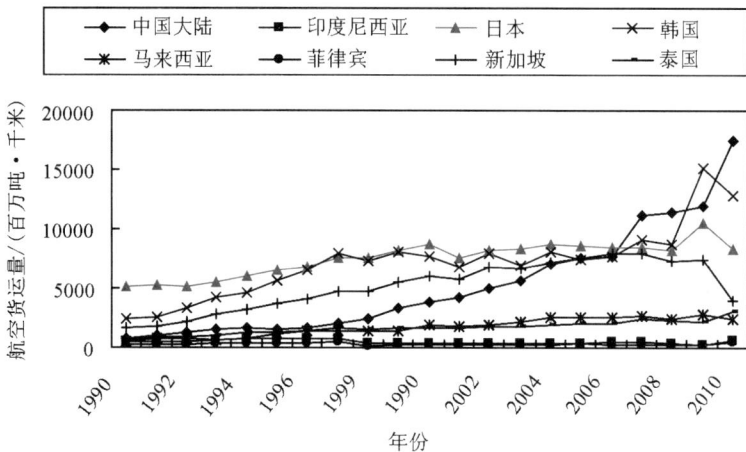

图 3 - 7　1990—2010 年东亚各经济体航空运输变化情况

数据来源:世界银行数据库(The World Bank Database,http://data.worldbank.org.cn)。其中中国香港和越南的数据没给出,是因为缺少这两个经济体 1990—1996 年的数据,为了图形上统计年份的一致,将这两个经济体略去。

注:图中横坐标表示年份,纵坐标表示航空货运量,其单位为百万吨·千米。

3. 陆地运输技术也大幅度提高

20 世纪 70 年代以前,世界铁路运输成本比是很高的,其后也减少了50%。在世界能源和劳动力成本不断上升的背景下,公路运输的成本仍然下降了 40%[①]。尤其是国际或区域多式联运的普遍使用,大大提高了整体国际运输效率,降低了国际运输成本。国际或区域多式联运起源于集装箱运输方

———————————

① 世界银行:《2009 年世界发展报告》(Word Development Report),第 6 章。

式,它整合了水路、铁路、公路和航空等多种资源,通过签订多式联运合同,以多种运输方式组合,选择最佳路线提供货物的跨境点到点运输。国际或区域多式联运于 20 世纪 60 年代末首先在美国使用,后来逐渐发展到欧洲和其他地区。发展中国家或地区在 20 世纪 80 年代以后也开始逐渐采用这种运输方式。到现在为止,这种运输方式已经成为国际或区域运输的重要组成部分。

（三）通信成本的降低

信息技术革命以及其在通信领域的广泛应用,促使通信成本非线性的下降。通信服务与运输成本不同,具有公共品的部分属性(Harris,2002),一旦投入使用,大范围的参与者会收益。在国际或区域贸易中,全球通信网络系统的出现,促使零部件生产规模收益递增:通信网络建立起来以后,每个企业的使用标准均为平均成本。在总通信成本一定前提下,进入的零部件厂商数目越大平均通信成本就越低。Cairncross(2001)认为,信息技术进步使得通信手段发生了翻天覆地的变化,首先它从物理上使全球化生产管理变得可行,而其交流费用的大幅下降也从经济上使得使全球化生产管理变得现实,为产品内分工奠定了基础。

东亚地区的通信技术和通信设施从 20 世纪 90 年代以来得到了快速发展,为东亚区域产品内分工与贸易提供了便利。如图 3-8 所示,从 1996 年以来,东亚区域的互联网使用率迅速上升。各经济体的变动趋势除去极少年份不变或略微下降,基本上都在增长。从增长表现来看,韩国的表现最好,从 1999 年开始,超过新加坡,成为互联网普及率最高的经济体,此后一直稳居第一位,至 2011 年,每 100 人互联网用户数为 81.46。截至 2011 年,从图形来看,东亚区域互联网使用率最低的经济体为印度尼西亚,它在 1996—2011 年间,一直处于增长态势,但增长速度慢于其他经济体,因而基本处在最低位。至 2011 年,其每 100 人互联网用户数为 18。其中,韩国、日本、马来西亚、新加坡、中国香港等经济体互联网使用率均超过了 60%,中国大陆在其他使用率较低的经济体中处于最佳水平,2011 年该指标为 38.39%。

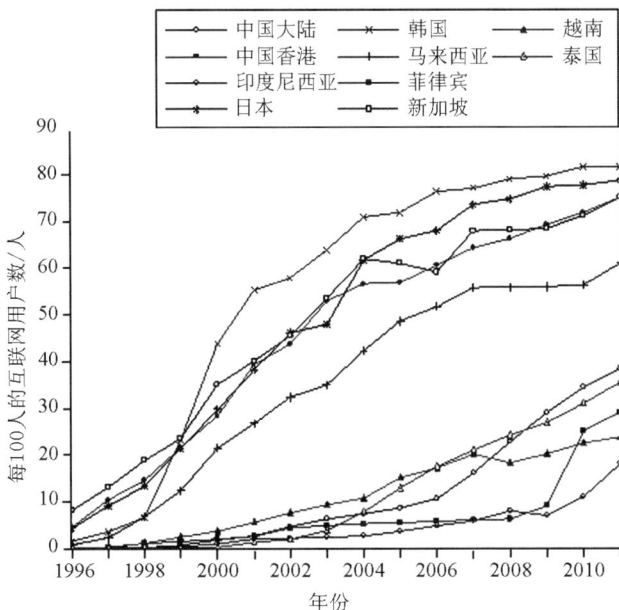

图 3-8　东亚各经济体每 100 人的互联网用户数变化情况

数据来源：世界银行数据库（The World Bank Database，http：//data. worldbank. org. cn）。

（四）贸易与投资便利化的发展

二战后，全球贸易平台在关贸总协定（GATT）和世贸组织（WTO）的成立下搭建而成。在此基础上，世界范围内关税水平大幅度下降，贸易和投资变得更加便利。到目前为止，世贸组织的成员一共有 156 个，东亚各经济体均已先后加入世贸组织。世贸组织致力于建立一个完整的、更具有活力的和永久性的多边贸易体制，它管辖的范围除传统货物贸易外，还包括长期游离于关贸总协定外的知识产权、投资措施和非货物贸易（服务贸易）等领域。从 20 世纪 80 年代开始，WTO 多边管制开始涵盖投资措施，此后，全球投资自由化有了明显的发展。全球范围内的贸易与投资自由化无疑为产品内分工提供了良好的体制环境和法制环境。

除此之外，区域性贸易组织（Regional Trade Agreements，RTA）为区域内开展产品内分工提供了良好条件。区域性贸易组织谈判通常包含成员之间降低投资壁垒、降低关税水平、贸易便利化等内容，对于区域性内部分工与贸易有很好的促进作用。从 20 世纪 90 年代以来，东亚各经济体的贸易便利化有了很大发展。以下分别从海运能力、进出口时间和物流能力来考察东亚各经济体贸易便利化进展。

1. 从海运能力来看

表明一国或地区海运能力的指标通常是"班轮运输的连接性指数"(Liner Shipping Connectivity Index,LSCI)。LSCI综合考虑了集装箱船的配置、集装箱运力配置(TEU)、班轮公司数量、班轮服务航线、船舶和船队规模等信息计算而得,LSCI越高,越能反映一国或地区高水平的海上运输能力以及海上货物运输系统。如表3-6所示,2004—2012年,中国大陆、中国香港、韩国、马来西亚、新加坡、越南的海上运输能力在持续增加。其中,中国的班轮运输能力一直是最高的,2004—2012年,该指数上涨了50%。马来西亚、韩国、新加坡的增加幅度也较大,2004—2012年,该指标分别提高了40%、30%、30%。印度尼西亚、泰国基本维持不变。日本在2008年之前持续下降,其后基本维持不变。菲律宾2008年该指标达到最大值,为30.8%,之前基本不变,之后小幅上升。英国和美国的该指标2004—2012年间基本变化不大,美国有小幅上涨。至2012年,东亚班轮运输能力超过英美的东亚经济体有中国大陆、中国香港、韩国、马来西亚和新加坡。海上运输能力最差的是菲律宾,其次是印度尼西亚和泰国,即东盟的海上运输能力总体较差。因此,总体来看,东亚各经济体的海上运输能力有很大提高,至今,有较多经济体甚至超过了欧美发达国家或地区,这为东亚产品内贸易提供了便利。

表3-6 东亚及英美班轮运输连接性指数(中国大陆2004=100)

各经济体	2004年	2005年	2006年	2007年	2008年	2009年	2010年	2011年	2012年
中国大陆	100.0	108.3	113.1	127.8	137.4	132.5	143.6	152.1	156.2
中国香港	94.4	96.8	99.3	106.2	108.8	104.5	113.6	115.3	117.2
印度尼西亚	25.9	28.8	25.8	26.3	24.8	25.7	25.6	25.9	26.3
日本	69.1	66.7	64.5	62.7	66.6	66.3	67.4	67.8	63.1
韩国	68.7	73.0	71.9	77.2	76.4	86.7	82.6	92.0	101.7
马来西亚	62.8	65.0	69.2	81.6	77.6	81.2	88.1	91.0	99.7
菲律宾	15.4	15.9	16.5	18.4	30.3	15.9	15.2	18.6	17.2

续 表

各经济体	2004 年	2005 年	2006 年	2007 年	2008 年	2009 年	2010 年	2011 年	2012 年
新加坡	81.9	83.9	86.1	87.5	94.5	99.5	103.8	105.0	113.2
越南	12.9	14.3	15.1	17.6	18.7	26.4	31.4	49.7	48.7
泰国	31.0	31.9	33.9	35.3	36.5	36.8	43.8	36.7	37.7
英国	81.7	79.6	81.5	76.8	78.0	84.8	87.5	87.5	84.0
美国	83.3	87.6	85.8	83.7	82.5	82.4	83.8	81.6	91.7

数据来源：世界银行数据库（The World Bank Database，http：//data.worldbank.org.cn）。

2. 从进出口时间来看

衡量贸易便利化的第二个重要指标是一国或地区进出口需要的时间。如表 3.7 所示，2005—2012 年，除日本和新加坡外，东亚各经济体的进出口时间均有减少。其中，日本的进出口时间本身较低，分别为 11 天和 10 天；而新加坡出进出口时间更短，2005 年起进出口分别只要 5 天和 4 天，比美国（6 天、5 天）还要短。从出口时间来看，变化幅度最大的是中国香港，从 13 天减少为 5 天，时间缩短了 62%。韩国减少了 5 天，泰国减少了 10 天，时间均缩短了 41%。到目前为止，出口时间最短的是中国香港和新加坡，均为 5 天。出口时间最长的是中国大陆和越南，均为 21 天。从进口时间来看，变化幅度最大的仍为中国香港，从 2005—2012 年，减少了 12 天，时间缩短 70%。其次是韩国，减少了 5 天，时间缩短了 41%。到 2012 年，进口时间最长的为中国大陆，其次是印度尼西亚，进口时间最短的为新加坡，其次是中国香港。东亚各经济体进出口时间的缩短，为产品内分工产生的中间产品跨境交易大大提高了效率。

表 3-7　东亚各经济体进出口需要时间　　　　　　　　（单位：天数）

年份		中国大陆	中国香港	印尼	日本	韩国	马来西亚	新加坡	泰国	菲律宾	越南
出口	2005 年	23	13	22	10	12	13	5	24	17	24
	2012 年	21	5	17	10	7	11	5	14	15	21
进口	2005 年	26	17	27	11	12	10	4	22	18	23
	2012 年	24	5	23	11	7	8	4	13	14	21

数据来源：The World Bank Database，世界发展指标（World Development Indicators，WDI）。

3. 从物流能力来看

物流绩效指数（Logistics performance index，LPI）也是一项表现各经济体贸易便利化的重要指标。由于产品内分工的中间产品要多次跨境，物流运输的效率显得非常重要。该指数从 6 个方面来综合评估各国或地区物流水平：一是海关方面。考察海关清关过程效率，包括速度、简单性及可预见的手续和过程的效率；二是基础设施方面，考察贸易和运输相关的基础设施建设品质（如公路、铁路、港口和通讯科技）；三是国际或区域运输方面，考察是否有能力安排具有价格竞争力的运输；四是物流质量，考察物流公司所能提供的服务与品质；五是货运追踪方面，考察并柜及追踪并柜货物的能力；六是及时性，考察货物是否能在预定的时间内到达目的地。如表 3-8 所示，东亚各经济体的综合物流绩效在提升，总体水平比较高，除印度尼西亚（为 2.94，接近 3）之外，都超过了 3。与欧美发达经济体相比，至 2012 年，除了印度尼西亚、菲律宾、泰国和越南之外，各经济体的物流绩效指数都超过了欧盟。其中中国香港和新加坡还超过了美国，分别为 4.12 和 4.13，表明在东亚，这两个经济体的综合物流能力是最强的。东盟经济体中印度尼西亚、菲律宾、泰国和越南虽然该指数较低，但基本逼近欧盟水平。因此，总体来看，东亚各经济体的综合物流能力现在已经处于较高水平。

表 3-8　东亚各经济体以及欧盟、美国综合物流绩效指数

年份	中国大陆	中国香港	印尼	日本	韩国	马来西亚	菲律宾	新加坡	泰国	越南	欧盟	美国
2007	3.32	4	3.01	4.02	3.52	3.48	2.69	4.19	3.31	2.89	3.46	3.84
2010	3.49	3.88	2.76	3.97	3.64	3.44	3.14	4.09	3.29	2.96	3.49	3.86
2012	3.52	4.12	2.94	3.93	3.7	3.49	3.02	4.13	3.18	3	3.48	3.93

数据来源：世界银行数据库（The World Bank Database，http://data.worldbank.org.cn）。

注：该指标最低为 1，最高为 5。

（五）东亚发展中经济体对产品内分工与贸易的鼓励政策

根据比较优势原则，在产品内分工中，发达经济体的比较优势是资本和技术，而发展中经济体的比较优势是廉价劳动力。因此，发达经济体可以通过业务外包等方式将产品价值链中的劳动密集型工序分配到发展中经济体完成，这样双方都能获得相应收益。因此，无论发达经济体还是发展中经济体，都有理

由促进产品内分工的展开。事实上,从 20 世纪 70 年代以来,针对加工贸易,东亚各经济体的政策都有变动。

1. 日本鼓励产品内分工与贸易政策

日本的"加工贸易"主要是指委托加工出口(又称顺委托加工)和委托加工进口(又称逆委托加工)贸易。在 1985 年以前,日本是限制委托加工进口贸易而鼓励委托加工出口贸易,而此后由于日元的升值,其政策发生了很大改变,不仅鼓励顺委托加工贸易也鼓励逆委托加工贸易。这些政策有力地促进了日本的加工贸易发展。

2. 东亚发展中国家或地区鼓励产品内分工与贸易政策

东亚发展中国家或地区鼓励产品内分工与贸易的政策主要表现为对原料和中间产品的加工贸易提供减免关税等优惠。如中国台湾是首个在亚洲设立出口加工区的地区,其先后组建了高雄、楠梓、台中等出口加工区,并于 1965 年 1 月 30 日颁布"出口加工区设置管理条例",推行加工区的各项优惠措施。新加坡将原来的工业区改造成出口加工区,并颁布相应法律法规支持。印度尼西亚在 20 世纪 90 年代以来大力发展加工贸易,其有名的加工区是新加坡—柔佛—廖内—金三角加工区。配合相应的税收减免政策,境外进入印度尼西亚的商品大部分都能享受优惠措施。泰国对加工贸易的鼓励政策有海关退税制度、保税仓库制度、出口加工区制度。韩国于 1970 年成立马山自由贸易区。中国为了充分参与加工贸易,也建立了各种加工贸易区,颁布了各项优惠政策及相应的法律法规。同时,各地方政府还给予加工企业一系列相应优惠措施。这些优惠措施大大促进了中国的加工贸易的发展。

第四节　东亚产品内分工的必要条件: 工序可分离的实现

制成品在生产过程中不同工序环节具备可分离性是产品内贸易发生的先决条件。工序的可分离性表现为两种:空间上的可分离和时间上的可分离。前者是指产品的不同生产工序可以被拆分开来分布在世界不同国家或地区进行生产；后者是指产品的不同生产工序拆分后可以先后生产，不需要在同一时间完成。当然，一个产品的生产过程能否被分离开并且能分解成多小的单位，这取决于技术水平。因此，技术水平会间接地影响到产品内分工与贸易的深度。科学技术进步改变了产品组成和工艺可分性。企业究竟采取哪种生产组织形式，首先就取决于产品本身的技术和工艺特点，这些特性保证了产品具有生产过程不同工序环节的空间可分离性。

产品的自身属性会影响其可分离性。有的产品本身需要加工的过程很少，或者对于要素的依存性很特殊，无法跨境生产，这些产品的可分离性就低。如国际或区域贸易标准分类中的 1~4 类产品为初级产品，可分离性较低。有些产品本身构造复杂，需要加工的过程很多，在现有技术水平下，适合分离。如各种大型机器设备、精密电子产品、汽车等，其生产阶段的可分离性很强。

产品构造形式也会影响产品的可分离性。张捷（2007）认为，产品的构造会影响产品的分工。产品的构造是关于如何将产品分解为不同功能，然后将不同功能合理分配到不同组件的一种技术设计决策的各种可能的集合。产品的构造受生产的技术水平和产品本身不同功能的约束。产品的技术构造是生产过程分解为不同工序的依据，它关系到分工的深化程度。

依据有形组件和功能元素的配置组合方式，产品构造可分为集成型和模块型两类。这两种构造方式由于特点不同对产品的可分离性影响也不同。一般而言，后者比前者更适合产品内分工。

通常来说，集成型构造的产品的功能与组件的配置方式不是一一对应的，并且通常不同组件的接口界面不标准，将其生产过程分解为不同环节之间的配合相对复杂，将这些工序进行跨境生产成本相对较高，会受到一定限制。模块型构造的产品，其不同组件之间的接口界面是标准的，这样将产品的生产过程按照功能分解为不同工序非常方便操作，生产的不同环节之间也容易配合，从而易于跨国界或跨区域生产。典型的例子就是汽车、电脑以及各种机械电子产品。虽然我们认为有些商品在技术上是可以将生产过程分离的，但其分离后是否方便跨境生产、运输，并能高效率地进行交易，还取决于分离后的部分是否能独立。当独立分离的部分为不可再分离的组合时，就非常方便进行产品内分工与贸易。模块化设计正好具备此功能。模块化构造在设计时结合"显性设计原则"和"隐性设计原则"区分模块内部和外部的信息。对于模块化生产网络的相关产品的技术规格是公开的,是按照"显性设计原则"进行的;而每个模块内部包含的设计信息按照"隐性设计原则"进行设计的,是被隐藏起来或被浓缩化的,这样可以保证每个模块内部的创新自由度。因此,模块化生产可以将生产过程的工序进行模块化分解,而没有必要将所有工序都放在一个企业内部生产,这样一来,增加了可贸易的维度,诱发了产品内贸易。

第五节　东亚产品内分工的影响因素实证分析

以上从理论上分析了东亚产品内分工自 20 世纪 90 年代以来迅猛发展的原因:一是由于规模经济和比较优势使得产品分工利益增加,二是由于交易成本的大幅度下降导致产品内分工的成本下降。接下来,笔者利用东亚各经济体实际经济运行的数据对这些原因(或者说影响因素)进行经验论证。

一、模型设定

在本节,对于东亚产品内分工程度的度量,充分考虑到数据的可得性,决定采用零部件贸易数据来度量不同经济体参与产品内分工的程度。同时,由于被解释变量是零部件贸易数据,因此,选择实证的模型是贸易研究领域广泛采用的引力模型。

(一)引力模型简介

贸易引力模型(Gravity Model),起源于物理学中牛顿提出的"万有引力定律"。最早将引力模型引入国际或区域经济学领域的是 Tinbergen(1962)和 Poyhonen(1963)。他们通过实证研究发现,两经济体之间的双边贸易量的大小与它们各自的经济总量(如 GDP)成正相关关系,而与它们之间的物理距离成负相关关系。此后,引力模型在国际或区域贸易领域研究中得到了广泛应用和发展,随着研究的深入,引入的变量也越来越多,如人口(Linnemannn,1966)、优惠贸易协定、殖民关系、共同语言、贸易限制措施等变量逐步被加入到引力模型中。

最基本的国际或区域贸易引力模型的一般表达式为:

$$X_{ij} = A(Y_i Y_j)/D_{ij} \tag{3.5}$$

式中，X_{ij} 表示经济体 i(出口地)对经济体 j(进口地)的出口；A 是常数项；Y_i 表示经济体 i 的 GDP，Y_j 表示经济体 j 的 GDP；D_{ij} 表示经济体 i 和经济体 j 的地理距离。

在正式进行计量检验时，为防止数据序列的不稳定性和异方差，通常我们将式(3.5)取对数进行模型估计。这样，对于估计的结果各变量之间的关系进行经济学意义的解释更加简单，同时也表明各因素之间是非线性关系，这符合现实生活的特征。

（二）本书采用的模型：增广引力模型

为了能够更好地拟合经济现实，很多学者根据产品内分工理论对传统的贸易引力模型进行了增广，量化分析产品内分工现象。关于东亚的零部件贸易的影响因素的分析，比较有代表性的是 Kimura(2004) 和 Athukorala(2005)。他们都使用引力模型进行分析，前者采用混合面板数据回归，主要目的是区分机械品零部件贸易与 FDI 流量的决定因素的区别，结果发现两者很相似；后者的引力模型经验贡献主要是考虑更多的解释变量，如国家或地区要素优势（相对工资）、共同边界、共同语言、服务联系成本等。但是，现有的实证研究对产品内分工理论的涵盖程度都是不完全的。本书在前人研究的基础上，充分考虑数据的可得性，在式(3.5)中考虑的传统变量中加入新的解释变量，最终确定模型形式为：

$$\ln T_{ij} = \ln SCA_{ij} + \ln DIST_{ij} + _j + \ln INT_{ij} + RL_{ij} + RPRO_{ij} \\ + ATAX_{ij} + AOPEN_{ij} + CRISIS \tag{3.6}$$

式中，被解释变量 T_{ij} 为 i 经济体和 j 经济体之间的零部件双边贸易总额，SCA_{ij} 表示 i 经济体与 j 经济体的工业增加值的乘积，$DIST_{ij}$ 表示 i 经济体与 j 经济体之间的地理距离，INT_{ij} 表示 i 经济体与 j 经济体每 100 人中的互联网用户数乘积，$R_{ij}L$ 表示 i 经济体与 j 经济体之间劳动力人数差异绝对值，$RPRO_{ij}$ 表示 i 经济体和 j 经济体劳动生产率差异绝对值，TAX_{ij} 表示 i 经济体与 j 经济体制造工业品关税的平均值，$AOPEN_{ij}$ 表示 i 经济体与 j 经济体的平均开放度，CRISIS 是虚拟变量，表示金融危机的影响。

二、变量说明

（一）传统观解释变量及其修正

如式(3.5)中，引力模型的传统变量是经济总量和地理距离。根据引力模型的一般定义，两经济体的双边贸易流量的规模与它们各自的经济总量（GDP）

呈正比,而与它们之间的地理距离呈反比。从产品内分工角度来看,Athukorala(2006)指出,GDP 可以作为市场厚度(Market Thickness)的代理变量;而 Grossman 和 Helpman(2005)认为,市场厚度对外包这一产品内分工的活动形式有积极影响。Jones(2004)则认为,GDP 越大,商品种类越多,劳动分工就会越细致,生产率和产品的竞争力就越高,参与产品内分工的能力就越强。但是 Zeddies(2007)认为,规模经济来源于企业经营决策时实际采取的规模,与企业所在国家或地区的总体规模关系不密切。同时,他认为,贸易双方国家或地区的企业数目也会影响产品内分工。企业增多以后,虽然单个企业规模减小,但是可以形成外部规模经济,从而部分补偿了内部规模经济的减弱。但是,由于数据的不可得性,笔者无法获得有关企业数目的数据。综上所述,本书舍弃了 GDP 这个经济总量,采用了经济体工业增加值 SCA 作为规模经济的代理变量。笔者认为,工业增加值代表了两经济体工业品市场规模的大小,与 GDP 相比它更能代表市场厚度的大小。由于零部件贸易主要是在工业品部门内部,因此,一经济体工业经济越发达,越有利于企业形成内部规模经济和外部规模经济,参与产品内分工与贸易的程度应该越高。在这里,对原始数据进行了加工,$\ln SCA_{ij}$ 表示两经济体工业增加值的乘积的对数。该变量的预期符号为正。

地理距离这个传统的引力模型中的解释变量予以保留。虽然在前面分析过,20 世纪 90 年代以来由于技术进步,跨国或跨地区信息交流和通信成本不断降低使得地理距离对贸易的影响不断减小,有学者如 Cairncross(2001)提出"距离死亡"的说法。但 Hummels(1998)等实证研究证明,地理距离仍然是决定国际或地区运输成本的重要因素。因此,本书仍然考虑地理距离变量对两个经济体零部件贸易的影响,lnDIST 表示两个经济体地理距离的对数,该变量预期符号为负。

(二)基于产品内分工理论加入的扩展解释变量

1. 代表资源禀赋差异的变量

较多学者如 Jones 和 Kierzkowski(2001),Zeddies(2007)均认为,要素禀赋差异是促进产品内分工的重要因素。因此,本书考虑了两种代表资源禀赋差异的变量:一是劳动力人数差异绝对值变量 RL,代表两个经济体劳动力资源禀赋的差异;二是两个经济体就业人员的人均 GDP 的差额绝对值 RPRO,代表两个经济体生产效率的差异。

(1)RL 表示两个经济体劳动力人数的差异的绝对值。该变量代表劳动力资源禀赋对产品内分工的影响。依据扩展的李嘉图比较优势理论，一个经济体劳动力资源越多，劳动力价格就会越低，相对来说具有劳动密集型工序方面的优越性。从两个经济体之间的产品内贸易来讲，一般而言，两个经济体劳动力人数差异越大，劳动力禀赋差异越大，一个经济体相对于另一个经济体的劳动力比较优势就越大，越容易展开产品内分工。

（2）RPRO 表示两经济体就业人员的人均 GDP 的差额的绝对值。就业人员的人均 GDP 代表了一个经济体的劳动生产效率，因此该变量代表了生产率禀赋对产品内分工的影响。依据扩展的李嘉图比较优势理论，一个经济体就业人员的人均 GDP 越高，代表该个经济体劳动生产率越高，相对具有生产率密集型工序或零部件如技术密集型或资本密集型方面的优越性。从两个经济体之间的产品内贸易来讲，一般而言，两个经济体就业人员的人均 GDP 差异越大，生产率禀赋差异越大，一个经济体相对于另一个经济体的生产率比较优势就越大，越容易展开产品内垂直分工。

虽然根据理论分析，两个经济体之间的要素禀赋差异能促进产品内分工，但是，也有学者如 Yeats(2001)、Grossman 和 Helpman(2005)认为要素禀赋差异过大反而会阻碍产品内分工，如一个经济体相对于另一个经济体生产率太低、技术水平太低、劳动力的受教育水平太低等会阻碍两个经济体之间产品内分工。因此，这两个变量的预期符号不确定。

2. 代表交易成本的变量

影响产品内贸易的交易成本因素比较多，本书采用比较典型的几种变量：关税变量 ATAX、互联网用户数变量 INT、对外经济开放度变量 AOPEN。

（1）关税变量 ATAX

这里，ATAX 表示两个经济体制造工业品关税的平均值，取两个经济体制造业关税的平均数。如前所述，关税是影响产品内贸易的重要因素，尤其是零部件贸易对关税的反应特别敏感。关税越低，交易成本越低，越有利于各经济体之间开展产品内分工。因此，该变量的预期符号为负。

（2）互联网用户数变量 INT

这里，$\ln INT_{ij}$ 表示 i、j 两个经济体每 100 人中的互联网用户数的乘积的对数。互联网用户数能代表一个经济体的基础设施尤其是通信设施水平。在现代社会，互联网已经成为非常重要的信息交流工具。一个经济体的互联网用户数越多,代表该个经济体的基础设施越完善,通讯成本越低,交易成本也就越低,越有利于开展产品内分工与贸易。因此,该变量的预期符号为正。

（3）对外经济开放度变量 AOPEN

AOPEN 表示两个经济体对外经济开放度的平均值,取两个经济体对外开放度的平均数。每个经济体的对外经济开放度等于该经济体进出口贸易总额占该经济体 GDP 总额的比重。一个经济体对外经济开放度越大,越有利于开展产品内分工与贸易活动。因此,该变量的预期符号为正。

3. 虚拟变量

CRISIS 是虚拟变量,代表 2008 年金融危机对东亚产品内分工的影响。2008 年金融危机使得欧美（尤其是美国）经济体经济遭受重创,而东亚的产品内分工生产而成的最终产品大部分是以欧美为市场的,当最终产品销售受挫时,势必影响到中间产品贸易。因此,该变量预期符号为负。

三、样本及数据来源

由于东亚地区的产品内分工与贸易是在 20 世纪 90 年代以后快速发展的,因此,本书重点考察该地区 20 世纪 90 年代以后的零部件贸易情况。考虑到数据的可得性,将时间定为 2000—2010 年,一共为 11 年的数据。样本选择了东亚的 10 个经济体,分别为：中国大陆、日本、韩国、中国香港、新加坡、泰国、马来西亚、印度尼西亚、菲律宾和越南。本来应该考虑中国台湾地区的,但由于该地区的较多数据无法获得,因此舍去了。

被解释变量东亚各经济体零部件进出口贸易数据来源于东亚产业经济研究所网站（http：//www. rieti-tid. com）。

解释变量各经济体工业增加值、互联网用户数、劳动力人数、制造业产品关税、就业人员的人均 GDP 数据来源于世界银行的数据库（The World Bank Database）中的世界发展指标（world development indicators,WDI）,网站为 http：//databank. worldbank. org/Data/。其中,制造业产品加权平均关税有的年份缺省数据,采取了前后最近两年的平均值的办法补齐数据。

计算解释变量各经济体的对外开放度所需要的各经济体进出口贸易值来源于联合国 commtrade 数据库,所需要的 GDP 数据来源于世界银行的数据库中的世界发展指标,是以 2000 年为基期的数据。

Frankel 和 Romer(1999)指出，用经济体之间的首都或省会城市距离作为地理距离的代理变量对土地面积较大的国家或地区而言会产生较大估计偏差，因此，计算中国与东亚其他经济体的地理距离用北京作为唯一贸易地点不合适，根据实际贸易发生地点的普遍情况，笔者选择深圳做代表，而对于与韩国和日本的贸易，则选择以上海作为中国距离测量的代表城市。

四、实证分析过程

（一）面板数据单位根检验

与时间序列一样，面板数据序列也存在数据非平稳的问题，如果不进行单位根检验，可能会造成伪回归。面板数据也通过单位根检验来判断是否平稳。面板数据的单位根检验与单个序列的单位根检验类似又有所不同。Eviews6.0 提供了面板数据的 6 种单位根检验方法，根据对参数的不同限制，这些方法又分为相同单位过程下的检验和不同单位根过程下的检验两种。以下将采用各截面序列具有相同单位根过程的 LLC(Levin-Lin-Chu)方法对各单序列进行单位根检验。运用 Eviews6.0 对序列 lnT、lnSCA(表示两经济体的工业增加值的乘积的对数序列)、lnINT(表示两经济体的每 100 人中互联网用户数的乘积的对数序列)、RL、RPRO、ATAX、AOPEN 等进行 LLC 单位根检验(距离变量 DIST 是恒定变量，与虚拟变量 CISIS 一样均不适合进行单位根检验)，检验结果如表 3-9 所示。由检验结果可知，这 7 个序列在 1% 的显著性水平上均为平稳序列，这些变量进行回归分析不会产生伪回归问题。

表 3-9　面板数据单位根检验结果(LLC 检验)

变量	检验类型(C,T,L)	检验统计量	Prob 值	结论
lnT	(C,0,M)	-5.8954^{***}	0.0000	平稳
lnSCA	(C,T,2)	-4.9612^{***}	0.0000	平稳
lnINT	(C,0,3)	-19.4116^{***}	0.0000	平稳
RL	(C,0,M)	-10.3372^{***}	0.0000	平稳
RPRO	(C,T,M)	-5.3321^{***}	0.0000	平稳
ATAX	(C,T,M)	-8.8354^{***}	0.0000	平稳
AOPEN	(C,0,M)	-4.0759^{***}	0.0000	平稳

注：表中检验类型(C，T，L)分别表示检验方程的常数项、时间趋势项和滞后阶数。滞后阶数为 M 表示按照 Schwarz 准则自动选取最大滞后值。*** 表示在 1% 显著性水平上拒绝原假设。

（二）面板数据模型选择

根据对截距项和解释变量系数的不同限制,面板数据模型可以分为混合估计模型、固定效应模型和随机效应模型三种。混合估计模型假定无个体效应,即个体截距项相同,同时系数不变,因此也称为无个体影响的不变系数模型。混合估计模型假定截距项和解释变量的系数对每个截面成员都是一样的;固定效应模型假定解释变量的系数对每个截面成员都一样,但截距项对每个截面成员不一样;随机效应模型在固定效应模型基础上假定与个体相关的误差项为随机的,即解释变量的系数和截距项对每个截面成员都不一样。一般判断混合估计模型还是固定效应模型用 F 检验,判断固定效应模型还是随机效应模型采用 Hausman 检验。本研究 F 检验的结果是样本数据均在 1% 的显著性水平上拒绝原假设,因此不能选择混合模型来估计样本数据。由于模型中有虚拟变量作为解释变量,使得 Hausman 检验无效。同时由于距离变量不随时间变化而变化,无法采用固定效应模型。所以,本研究选择随机影响变截距模型进行估计。

（三）模型估计结果

运用 Eviews 6.0 软件运行随机影响变截距模型估计的结果如表 3-10 所示。

表 3-10　随机影响变截距模型估计结果

变量	系数	标准差	T 统计量	概率
RL	$6.40E-10$	$1.60E-10$	3.988480	0.0001
RPRO	$-3.47E-06$	$2.47E-06$	-1.402050	0.1615
lnDIST	-0.847726	0.109012	-7.776429	0.0000
lnSCA	0.917787	0.021196	43.300830	0.0000
ATAX	-0.200940	0.017663	-11.376010	0.0000
AOPEN	0.254045	0.047015	5.403519	0.0000
CRISIS	-0.210247	0.123443	-1.703191	0.0892
lnINT	0.463703	0.061222	7.574171	0.0000
调整后的 R^2	0.746166	$D.W.$ 统计量	0.153793	

五、实证结果分析

如表 3-10 所示,所有解释变量的回归系数符号均与预期相符,方程中除了解释变量 RPRO 没有通过显著性检验，其他解释变量均通过 10% 的显著性检验，并且，除 CRISIS 变量外其他都通过 1% 的显著性检验，即非常显著。调整后的可决系数为 0.746166，拟合度比较高，同时 $D.W.$ 检验系数为 1.53793，接近 2.0，说明不存在序列相关。方程整体通过显著性水平为 1% 的 F 检验，即方程整体上均通过显著性检验，方程设定合适。

RL 变量的回归系数为正，通过 1% 的显著性检验。说明在东亚区域，各经济体之间的劳动力禀赋差异对产品内分工与贸易具有显著性的促进作用。

RPRO 变量的回归系数为负，说明在东亚区域劳动生产率差异过大会阻碍产品内分工与贸易，与 Yeats(2001)，Grossman 和 Helpman(2005)的研究结果一致。但是，该变量没有通过显著性检验，说明这种生产率差异对东亚产品内分工的阻碍作用并不显著。

lnDIST 变量的回归系数为负，通过 1% 的显著性检验。说明在东亚区域，地理距离对交易成本的影响仍然是很显著的，它会阻碍经济体之间开展产品内分工。两经济体之间相距越近，越有利于开展产品内分工与贸易，越远越不利于开展产品内分工与贸易。并且，地理距离对两经济体之间零部件贸易进出口总额乘积的弹性系数为 −0.847726，说明两经济体之间物理距离每减少 1 千米，零部件贸易进出口总额的乘积会增加 0.847726 美元。

lnSCA 变量的回归系数为正，通过 1% 的显著性检验。说明在东亚区域，两经济体的工业生产越发达，越容易实现企业内部或外部规模经济，越有利于开展产品内分工与贸易。并且，工业增加值对两经济体之间零部件贸易进出口总额乘积的弹性系数为 0.917787，说明两经济体之间的工业增加值乘积每增加 1 美元，零部件贸易进出口总额的乘积就会增加 0.917787 美元。

ATAX 变量的回归系数为负，与预期相符，通过 1% 的显著性检验，说明在东亚区域，制造业关税对零部件贸易的影响非常显著。该回归系数为 −0.200940，说明两经济体之间的平均制造业关税下降 1%，两经济体之间零部件进出口总额乘积的对数会增加 0.200940%。

AOPEN 变量的回归系数为正，与预期相符，通过 1% 的显著性检验。说明在东亚区域，经济体的对外开放度对其参与产品内分工与贸易有显著性的促进作用。各经济体对外开放度越大，政策措施等各方面的支持越多，会降低产品内分工与贸易的交易成本，从而越有能力参与产品内分工与贸易。

CRISIS 变量的回归系数为负,与预期相符,通过 1% 的显著性检验。说明 2008 年以来的全球金融危机对东亚区域的产品内分工与贸易造成了负影响。东亚区域形成的"新三角贸易"局面,是以欧美为最终产品市场的,当以美国开始的金融危机使其经济衰退造成最终产品需求减少时,必然会影响中间产品的需求和贸易。东亚区域的零部件贸易在此期间都有所下降。说明国际或区域金融环境对整个产品内分工链条的稳定性影响非常重要,关于此问题,在下一章还会进行详细论述。

lnINT 变量的回归系数为正,与预期相符,通过 1% 的显著性检验。各经济体的互联网用户数是代表各经济体的基础设施建设水平的,互联网用户数越多,通讯成本和其他信息交流成本就越低,越有利于开展产品内分工。该变量的回归结果充分证实了 20 世纪 90 年代以来东亚区域的各经济体的基础设施建设的大力发展尤其是通信设施的发展对该区域产品内分工与贸易的促进作用。

综上所述,实证分析结果基本与理论分析结果相符,从 20 世纪 90 年代以来,东亚区域内各经济体的劳动力禀赋和生产率禀赋各不相同,各自发挥自己的比较优势进行产品内分工能获得收益,同时,各经济体的制造业不断发展,为实现规模经济提供了条件,工业规模越大的经济体之间越容易开展产品内分工与合作。并且,技术进步推动了东亚各经济体的基础设施建设;世界性和区域性的贸易组织促使自由贸易的快速发展,各经济体关税水平大大下降;各经济体都实行经济开放政策,尤其对于加工贸易形式的产品内分工与贸易给予各种鼓励,等等。这些都给东亚区域开展产品内分工与贸易创造了良好的条件,促进了该区域 20 世纪 90 年代以来产品内分工与贸易的快速发展。

本章小结

本章从分工与专业化的角度,分析产品内分工的收益与成本来源,在此基础上分析产品内分工强度的决定。最后,依据东亚从 20 世纪 90 年代至今的产品内分工发展的数据,采用面板数据模型证实东亚产品内分工的决定因素。

从分工与专业化经济学角度来看，分工与专业化一方面能获得收益，另一方面要受分工成本的约束。一般来说，对参与产品内分工的特定产品来说，进入国际或地区分工领域的工序或环节的多少可以由相对收益和成本的比较来决定，只有在某种工序或环节的收益高于成本时，该工序或环节才能进入国际或地区专业化分工，而对于特定产品的生产和供给整体以及整个社会进行分割生产的产品种类来说，也是如此。

东亚产品内分工自 20 世纪 90 年代以来迅猛发展的原因为：一是由于规模经济和比较优势使得产品内分工利益增加。产品内分工是生产者不断追求最适生产规模实现资源最优配置的必然选择。扩大的李嘉图模型说明产品内各个工序的生产按照比较优势进行国别或地区分工，可以让贸易各方获得更多的利益，这种分工的深化让一些仅具有某些要素禀赋比较优势的发展中经济体也能参与国际或地区间分工，解释了东亚发展中国家和地区为什么也能生产和出口一些资本密集型和技术密集型产品。二是由于单次跨境交易成本的大幅度下降导致同一最终产品的所有工序的总交易成本下降。自 20 世纪 90 年代以来，东亚区域关税的普遍降低、交通运输成本的大幅度下降、通讯等信息交流费用的降低、贸易与投资便利化的大力发展、各经济体对产品内分工与贸易的鼓励政策等等这些因素都有力地降低了区域内跨境交易的成本，从而促进了该区域产品内分工与贸易的快速发展。

面板数据实证分析与理论分析结果基本相符。实证研究表明：在东亚区域，经济体之间的劳动力人数差异的绝对值（代表劳动力禀赋差异）、经济体的工业生产规模、对外开放度、互联网用户数（代表基础设施建设水平）等变量对产品内分工与贸易具有显著性的促进作用。经济体之间的地理距离、制造业关税、2008 年全球金融危机等变量对产品内分工与贸易具有显著性的阻碍作用。两经济体就业人员的人均 GDP 差额的绝对值变量（代表劳动生产率差异）对产品内分工也有阻碍作用，但并不显著。

第四章

东亚产品内分工体系的稳定性分析

如同第三章所述,由于规模经济和比较优势使得产品内分工利益增加,同时科技进步等因素导致单次跨境交易成本的大幅度下降,使得 20 世纪 90 年代以来东亚的产品内分工快速发展,促进了东亚各经济体的经济增长与就业。但与此同时,东亚产品内分工体系本身的某些特质使得这个体系具备不稳定性,致使各经济体经济易于波动,给各经济体经济增长也带来不确定性。理论上影响东亚的产品内分工体系不稳定因素是较多的,但本章主要抓住以下两个重要特征进行分析:第一,产品内分工属于垂直专业化分工,垂直专业化分工由于其分工特性,与水平分工相比,具有天然的不稳定性。第二,东亚产品内分工体系得以完成,是以高度的区域外市场需求依赖为条件的,也就是说分工的生产在区域内完成而消费主要在区域外进行,这使得整个产品内分工体系始终受制于外部需求,只要外部需求变动,整个分工体系就会发生变动。这里,第一个特征属于内在因素;第二个特征属于外在因素。本章将详细分析这两个特征给东亚产品内分工体系带来的风险。

第一节　产品内分工体系稳定运行的基本条件及影响因素

一、稳定性的含义

不同的学科领域,对于稳定性的含义界定都不一样。比较经典的是控制学中对稳定性的理解。控制论中稳定性是"指系统受到扰动后其运动能保持在有限边界的区域内或回复到原平衡状态的性能"①。具体而言,按照恢复平衡方式不同稳定性有:①状态稳定性。状态稳定状态又分系统稳定、系统渐进稳定和系统大范围稳定等三种状态。学者李雅普诺夫(Lyapunov,1892)利用图形(见图 4-1)形象地说明了状态稳定性的这三种形式:其中图 4-1(a)是指系统稳定,图 4-1(b)表示系统渐进稳定,图 4-1(c)表示系统大范围渐进稳定。②有界稳定性。有界稳定性是指每输入一个有界的向量信号,就会有一个有界的输出向量信号的状态,也称作 BIBO 稳定。

从物理学的角度讲,稳定状态是指一种系统运行有序化的平衡状态,并且,这种平衡状态是系统在各种影响因素作用下的形成的动态平衡状态(廖晓昕,2006)。

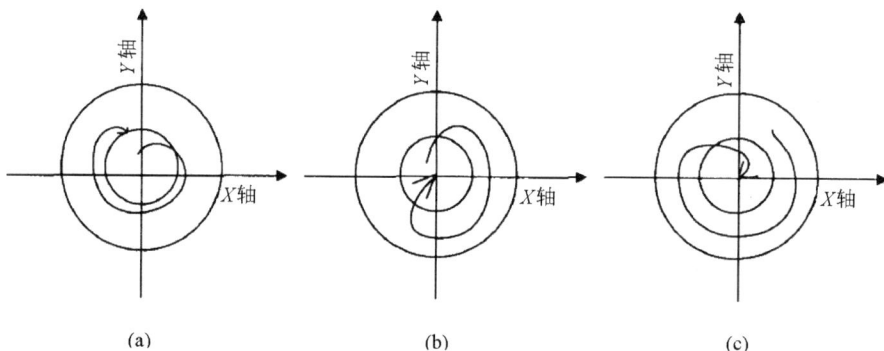

图 4-1　稳定的三种形式

生态学领域的稳定性是指生态系统保持正常动态的能力。其稳定性表现在两个方面:抵抗力稳定性和恢复力稳定性。前者指生态系统抵抗外界干扰并使自身的结构与功能维持原状的能力;后者指生态系统在受到外界的干扰因素破坏后恢复到原状的能力。

经济系统的稳定状态是指一种稳定的均衡状态。在西方经济学中,均衡是指某种经济变量受到各种因素影响作用下所达到的一种相对静止的状态。这种均衡状态又分稳定均衡、亚稳定均衡和不稳定均衡状态。其中稳定均衡是最

①　大百科编委会:《自动控制与系统工程——中国大百科全书》,中国大百科全书出版社 1994 年版,第 78 页。

具有研究价值的,指经济变量在脱离均衡状态时能自发恢复到原来的均衡状态的一种均衡,经济系统的稳定状态就是指这样一种稳定均衡状态(杨小凯,1984)。

二、产品内分工体系稳定性的含义

(一)管理学中对产品内分工体系稳定性的定义

到目前为止,学术界关于分工体系的稳定性没有确定的定义和系统的研究。但与分工体系稳定性相关的其他理论研究尚存。由于产品内分工体系是一种垂直专业化分工体系,其分工的结果便是产品供应链的跨国(或地区)化(或全球化)。因此,与产品内分工体系稳定性最相近的理论便是供应链稳定性理论。供应链的不稳定因素来源于企业面临的风险,因此,供应链稳定性理论的相关研究主要是关于供应链风险管理的研究:包括供应链风险的识别、风险评估和风险管理预警、供应链风险规避等。因此,一些同学者从风险管理的不同角度对供应链的稳定性进行了界定:

一是供应链合作关系稳定性。管理学中将供应链合作关系的稳定性定义为"供应链中的合作各方选择一种最有利于整个供应链发展的相互合作的行为来建立一种友好合作关系的动态平衡"[①]。意思是指供应链中企业之间的合作与竞争状态不是简单的长久不变的关系,它能适应外界环境的变化,是一种动态的平衡关系。当合作与竞争情况不一样,供应链稳定性也不一样。具体而言,这种供应链稳定性可分为四类:第一类,企业之间没有竞争,合作是主要的,且合作关系是按产品上下游关系而形成,彼此之间的协同效应显著。这类合作关系稳定性强,持续的时间也比较长。我们将其称为很稳定的供应链合作关系。第二类,企业之间有较低程度的竞争,但合作仍是主要的。这种合作关系主要存在于同一行业间非竞争的企业之间,比如合作开发新产品,这是一种较稳定的供应链合作关系。第三类,企业之间的竞争较激烈,合作程度很低,是一种较不稳定的供应链合作关系。第四类,企业之间几乎没有合作,且竞争很激烈。这类合作关系主要是同行业之间的横向合作,是一种极不稳定的供应链

[①] 尹洪英:《供应链合作关系的稳定性及其稳定机制研究》,西安理工大学博士论文,2006 年。

合作关系。这种合作关系易于走向两个极端,即要么合并要么破裂。

二是供应链运作稳定性。供应链运作稳定性是指供应链中的成员企业为完成用户在一定时期内的特定需求始终保持良好的合作关系(郑国华,2009)。这种稳定的运作具有以下特征:供应链整体绩效不断提高或维持不变;供应链链结点之间的合作不间断;供应链能适应不断变化的环境进行正常波动,是一种动态稳定;供应链是一种有效稳定,即供应链中各节点企业都认为从供应链合作关系中的受益大于终止这种关系的成本。

(二)产品内分工体系稳定性的含义

基于以上各学科对稳定性的含义的界定,总体而言,稳定性具有两层含义。一是静态含义,即静态均衡,指在既定环境下系统受到外部干扰后能恢复到平衡状态。二是动态含义,即系统所处的内外部环境不可能是一成不变的,当环境发生改变,系统也可以达到一个新的均衡,表明稳定状态是可以改变的。

跨国或跨地区产品内分工体系是不同国家或地区的企业进行分工合作而成的系统,因此该系统的稳定性是由成员国家或地区相关企业自身的稳定性和成员企业间衔接的稳定性决定的,当成员企业内部或企业间关系受到外部干扰时,该分工系统仍能保证相关指标在一定范围内时,则可以称该分工体系是稳定的,否则称其不稳定。

由于社会在不断进步,产业分工体系也会不断演化。因此,本书将分工体系的稳定性定义为两个层次:静态意义上和动态意义上的稳定。静态意义上的产品内分工体系稳定性是指成员处在不同生产阶段的相关企业之间衔接良好、供求稳定。动态意义上的产品内分工体系的稳定是指开放条件下分工体系的变化与发展,即随着社会生产力水平的提高,分工体系中的企业与企业之间进行能量交流或竞争,在分工体系中的合作各方选择一种最有利于整个体系发展的行为来建立一种友好合作关系的动态平衡。

三、影响产品内分工体系稳定性的因素

产品内分工体系是一种比较特别的分工体系,根据产品内分工的概念可知,这种分工体系是不同国家或地区的企业依据产品的价值链(或供应链)进行的一种垂直专业化分工体系,其分工的结果便是供应链的全球化。由于学术界关于分工体系的稳定性没有统一的定义和系统的研究,因此,接下来我们利用

供应链的稳定性理论来说明产品内分工体系的不稳定性因素。

理论上,影响产品内分工体系(或全球供应链)稳定性的因素来源于两方面:一种是内生因素,一种是外生因素。

内生因素引起的不稳定性是由分工特征决定的,取决于垂直分工体系上的成员企业与企业之间的相互作用,具体而言,它包含以下几种情况:①合作关系引致的不稳定性:包括激励和协调机制风险,合作伙伴的能力风险,战略柔性丧失的风险,利润分配风险,核心能力外泄的风险,不同企业文化、目标和利益带来的风险。②管理决策引致的不稳定性:包括决策的有限性、转换成本的存在、企业的机会主义行为。③信息扭曲引致的不稳定性:包括逆向选择、道德风险、牛鞭效应。④操作流程风险:包括机器故障带来的风险和人员错误带来的风险。⑤财务会计引致的不稳定性:包括投资套牢风险和投资回收风险。⑥人力资源引致的不稳定性:包括员素质风险和员工流动风险。

外生因素引起的不稳定性是由成员企业间相互作用的外部环境决定的。由于产品内分工涉及产品的跨境生产,从产品设计、原材料投入到最终产品生产出来需要经历不同的国家或地区,这些国家或地区的自然环境、法律环境、政策环境、文化环境等的变化都会引起分工体系的波动。特别需要指出的是终端市场消费需求的推动力也是保证产品内分工体系运转的重要外生因素。消费环节是社会分工中生产—消费循环机制下的重要部分,是分工存在的基础。消费需求具有满足方式多样化、不断变化、不断发展、越来越个性化的特征,能从根本上影响产业结构的形成与变化。

第二节　垂直专业化分工引致的分工体系不稳定

一、垂直专业化分工引致不稳定性的微观机理

产品内的垂直专业化分工导致的结果是产品供应链的全球化。因此,从微观上来说,产品内垂直分工引致体系不稳定的因素来源于产业分工体系中国与国或地区与地区之间的不同企业之间形成的供应链面临的不稳定因素。

（一）分工特征决定的不稳定性

产品内分工是一种垂直分工,这种垂直专业化分工体系会受到来自外部和内部等多种不确定性因素的影响。尤其重要的是,这种分工体系是由不同的相互独立的节点企业组成的联盟,各个节点企业都有自己不同的利益目标。在合作过程中只要相互的信任度、信息沟通度、利益分配公平度等发生问题就会引起供应链成员之间的矛盾和冲突,从而影响到分工体系的稳定性。

从经济系统控制论的角度来看,垂直专业化分工之所有不稳定,是因为这种分工模式下生产运转信息的传递是通过上下游企业之间的串联关系来实现的。信息在从上游企业传递至消费者途中,任何一个节点企业的行为都会影响整个系统的信息传递的可靠性,有一个环节断裂,整个系统就无法运转。随着分工参与企业越来越多,链条越来越长,其系统的可靠性会不断降低,不稳定性会不断增强(杨小凯,1984)。

具体而言,这种分工形式之所以不稳定是由于信息的传递总效率随着分工节点企业的增加而降低引起的。随着分工度的提高,串联的元件(即供应链的节点企业)增多,串联的信息通道也越多,整个系统的总传递效率会不断下降。系统的信息传递效率表示这个系统的可靠性和稳定性。这种可靠性决定了经济控制器的效率和控制性能、质量。如果系统处于负反馈状态,则这一性能和质量反映了排除干扰使系统趋于平衡的速度的快慢。如果系统处于正反馈,则这一性能决定了反馈信号是否能控制经济迅速增长。

信息通道的可靠性就是指信息传递(或反馈)的效率。它可以被理解为信息论中的信道传输信息的不出错率,也可以被理解为100次传输中有多少次没有发生错失的比率。通常情况下,p 是满足 $0 < p < 1$ 的概率。若 p 与 q 分别为有效与失效的概率,则 p 与 q 是互为对立事件的概率,即 $p + q = 1$。假定一个分工体系由 n 个串联分工工序组成(即有 n 个节点成员企业),每两个串联工序之间的信息通道的平均可靠性为 p,则整个系统的可靠性(信息反馈总效率)为:

$$P = p^n \qquad (4.1)$$

由于 $0 < p < 1$,所以当 n 增大时,总的信息传输效率就会迅速变小。这时即使每一环节的可靠性很高,但整个分工系统的可靠性却很小。串联耦合的信道或元件增多时,要使系统达到足够的可靠性,就必须使每一元件的平均可靠

性非常高,使它几乎达到绝对可靠的程度。提高每一元件的可靠性受到技术和费用的限制。所以一般而言,当垂直专业化程度越来越高时,节点的成员企业会越来越多,n 会不断增大,若干个信息传输通道的总传输效率或者说整个系统的可靠性会随之迅速下降,整个分工体系的稳定性也会大大下降。垂直专业化分工越发达时,只要有某一个环节出了毛病,将造成很多最终产品报废,造成相关专业停工待料,造成动力短缺,配件短缺,生产能力闲置,等等。

（二）面临冲击时的脆弱性

垂直专业化分工体系由于分工链条上的各环节是环环相扣的,彼此依赖,相互影响,因此,任何一个环节出现问题,不仅会影响其自身的正常运营,还会通过复杂的机制将风险传递,风险在传递中可能会累积、扩大甚至变异。风险传递的结果不仅会使本环节供应中断,还会影响本环节相邻的上下游企业的正常运营,严重的甚至会引起整个分工体系运作失效的危机。因此,这种分工体系面临冲击具有很大的脆弱性。

这种垂直专业化分工体系面临冲击时的传递效应,在供应链管理理论中称为波及效应。供应链的波及效应(Ripple Effect)理论是研究供应链中所有节点企业的经济变量应对供应链中某一个或多个节点企业的这些变量的变化的过程(陈宏,2002)。具体来讲,它包括两个内容:波及和效应。其中,波及是指可以观察到的供应链上经济变量的波动过程。效应则是波及过程的结果。按照经济变量波动给供应链造成影响的大小,波及效应可分为缩小效应、不变效应和放大效应。

波及效应中最为著名的是"牛鞭效应"。1961 年 Forrester 利用系统动力学模型,研究发现在营销过程中需求波动会沿着供应链从最终客户向原始制造商逐级放大。如图 4-2 所示,假设某商品当地消费者的需求波动为 x_1,当地零售商的订单需求波动为 x_2,当地批发商的订单需求波动为 x_3,地区分销商的订单波动为 x_4,原始制造商的订单波动为 x_5,则"牛鞭效应"会导致 $x_5 > x_4 > x_3 > x_2 > x_1$。他将这种波及效应称作"牛鞭效应"(Bullwhip effect),也叫需求方差放大效应。

Forrester 认为这种效应是由于信息传递失真导致的,是供应链上的节点成员企业的需求预测修正行为、订货批量决策行为、短缺博弈行为等决定的结果。供应链中的"牛鞭效应"会导致供应链巨大的效率损失:它会误导生产计划、导致过多的库存投资、收益减少,并且降低服务水平,还会导致无效运输等。

总之,垂直专业化分工体系在面临冲击时,其传递速度快,传递链长,影响巨大,经常会涉及整个分工体系。由此产生的波及效应(尤其是"牛鞭效应")是由分工特征决定的,可以减小,但无法消除,这也就意味着,垂直专业化分工体系本身具备系统性的风险和脆弱性。

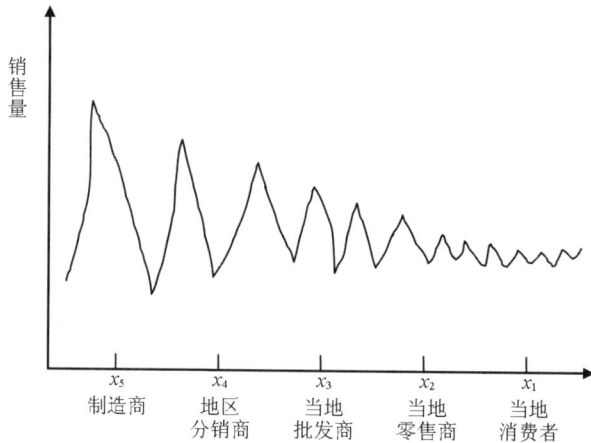

图 4-2　供应链中的牛鞭效应

二、垂直专业化分工引致不稳定性的宏观机理

(一) 相关文献研究

以上分析的是垂直专业化分工对分工体系中不同企业的影响,这是微观层面。而在跨国或跨地区产品内垂直专业化分工下,这些企业分布在不同的国家或地区,不同企业受到的影响从宏观来看就会通过一个经济体的进出口部门从而影响到相关国家或地区的经济。当整个垂直分工体系不稳定时,这些节点企业所在的国家或地区的经济也会受到不同程度的干扰,也会面临波动。因此,本部分所要论述的垂直专业化分工引致体系的不稳定的宏观机理,指的就是垂直专业化分工引起分工体系中的各个经济体的经济关联波动。

在国际或区域垂直专业化分工中,企业与企业之间的供求交易体现为经济体与经济体之间的中间产品进出口贸易关系,因此,垂直专业化分工的不稳定因素是通过贸易在一个经济体与其他经济体之间传播的。接下来笔者将总结前人研究的成果,并且在他们的基础之上进行理论扩展和实证上的佐证,以期为现有研究做出进一步的贡献。

关于贸易对经济冲击跨国或跨地区传播的研究比较多。传统理论最开始研究的是双边贸易额与经济周期之间的联系。经济周期的传播中贸易的重要性的研究最早可追溯到 Kindleberger(1962)和 Meltzer(1976)的著作。后来很多的实证研究证实了这一关系。比较有名的有 Frankel 和 Rose(1998),以及后来的学者如 Clark 和 van Wincoop(2001),Baxter 和 Kouparitsas(2005),Calderon,Chong 和 Stein(2007)等。但是这种关系背后的机制却一直没有被解释清楚。不仅如此,Kose 和 Yi(2001,2006)提出了一个"贸易—协同之谜"(a trade-comovement puzzle),他发现源于 Backus、Kehoe 和 Kydland(1994)的标准的国际或区域经济周期模型并不能说明贸易与经济周期协同之间的关系。至此,很多学者开始试图寻找这种关系背后存在的机制。

随后的研究几乎都无一例外的考虑到了垂直专业化(也称纵向联系)的作用。Kose 和 Yi(2001)修正了标准的 Backus,Kehoe 和 Kydland(1994)国际经济或区域周期模型,引入了一种简单的垂直专业化形式。但是,由于资源会从生产率低的国家或地区向高的国家或地区转移,提高贸易强度对经济周期的协同的正影响是无效的。后来 Kose 和 Yi(2006)继续扩展了这个模型,他加入了"第三方国家或地区",但是这对于解决"贸易—协同之谜"帮助依然很小。

2008—2009 年全面爆发的金融危机期间,世界实际贸易值下降为世界实际 GDP 的 1/4(其间世界实际贸易值下降 15%,世界实际 GDP 下降 3.7%),也就是说,世界贸易的波动幅度比世界产出的波动幅度要大得多,为什么会出现这种现象?学者们一致将目光转向垂直专业化分工,他们深入考察了垂直专业化分工在传播经济冲击时的关键作用,其研究观点总结起来主要为两点:一是垂直专业化分工使得金融危机对全球贸易的冲击产生放大效应,二是垂直专业化分工会加强经济体之间经济周期协同关系。

1. 垂直专业化分工使得金融危机对全球贸易的冲击产生放大效应

许多学者通过经验数据证明垂直专业化分工使得金融危机对贸易的冲击产生放大效应。也就是说,与不存在垂直专业化分工相比,全球贸易受金融危机的影响大得多,或者说全球贸易在金融危机的冲击下下降得更多。

Rudolfs Bems,Robert Johnson 和 Yi K. M.(2009)认为垂直专业化提供了一个真实的冲击传递机制,这种传递机制有助于引起贸易的广泛下降。

Giovanni J. D 和 Levchenko A. A.(2009)认为 2008 年的全球金融危机中垂直专业化分工体系是导致贸易下滑的重要因素。在全球垂直专业化分工体系下，危机冲击会对贸易萎缩产生一个"放大效应"。Bems R. 和 Robert C. Johnson 等(2010)也认为，纵向联系(vertical linkage)能够潜在的放大冲击。在一定程度上全球供应链被打乱，因此，与生产相关的少数的国家或地区之间的生产变得去垂直化，贸易对负向冲击的反应与标准贸易渠道相比可能会被放大。而且，一定程度上冲击非对称性地作用于更多纵向联系的产业(行业)，这样贸易对于冲击的反应也会被放大。并且，他对此提供了经验证据。他利用全球双边投入—产出表来分析 2008 年第一季度至 2009 年第一季度期间的需求变化引起的产出和贸易变化。结果表明全球贸易对产出的弹性为 2.3，这些变化幅度主要是由需求变化的非对称性以及全球垂直专业化分工引起。其他人如 Ferrantino 和 Larsen(2009)，Kyoji 和 Yuan(2009)以及 Johnson Noguera G.(2009)等也支持此观点。

接下来介绍这些研究中最具代表性的证据以说明垂直专业化分工对这次危机中贸易萎缩的放大作用，包括 Rudolfs Bems，Robert Johnson 和 Yi(2009)的研究。

Rudolfs Bems、Robert Johnson 和 Yi(2009)认为，垂直专业化传递机制是复杂的，基于以下几种原因它可能会促进全球贸易受金融危机冲击时产生大规模的下降：首先，可能会出现国际或区域生产链的再国有(或区域)化(可能是由保护主义引发的)。其次，不断增长的垂直专业化意味着更多的跨境交易会在产品生产过程的不同阶段发生。如果这些阶段的替代弹性很低，一个经济体的生产受到的冲击会被迫迅速传递到其他生产阶段所在的经济体。第三，如果需求冲击集中于垂直专业化的产品领域，贸易对于需求的变化是高度敏感的。为了充分展示垂直专业化分工引起的贸易下滑"放大效应"，他们运用了全球投入产出表分别计算了以下三种情况下美国和欧洲总需求下降 1% 所引起的世界各国家或地区的贸易和 GDP 的变动。

第一种情况：假定美国(或者欧盟)每个部门的最终需求受到 −1% 的冲击(这是对称性冲击)，由此引致的世界九个不同地区的出口、GDP 和进口的下降，如表 4 − 1 所示。

表 4 − 1   美国或欧盟总需求下降 1% 引起的冲击

国家或地区（变动百分比）	(A)美国（总需求下降1%）			(B)欧盟（总需求下降1%）		
	出口	GDP	进口	出口	GDP	进口
中国	−0.28	−0.09	−0.07	−0.24	−0.08	−0.06
日本	−0.25	−0.03	−0.02	−0.20	−0.03	−0.02
美国	−0.06	−0.92	−0.95	−0.27	−0.02	−0.01
南美	−0.32	−0.06	−0.04	−0.27	−0.05	−0.03
亚洲新兴经济体	−0.23	−0.09	−0.07	−0.23	−0.09	−0.07
欧洲新兴经济体	−0.08	−0.02	−0.02	−0.63	−0.18	−0.12
欧盟（2003年成员）	−0.24	−0.03	−0.02	−0.05	−0.88	−0.92
北美自由贸易区(不含美国)	−0.76	−0.22	−0.14	−0.09	−0.03	−0.02
其他地区	−0.21	−0.05	−0.03	−0.41	−0.10	−0.05

资料来源：Bems R., Johnson R. C., Yi K. M. The collapse of global trade：Update on the role of vertical linkages[J]. The Great Trade Collapse：Causes，Consequences and Prospects，2009：79 − 86，table1.

从表 4 − 1 中可以看出，对于此冲击，美国 GDP 下降 0.92%，这个结论在假定贸易占 GDP 份额很小时是合理的。美国进口下降 0.95%，这也是合理的，因为最终需求下降通常会导致进口的大幅度下降。与之形成鲜明对比的是，美国的出口只下降了 0.06%，反映了这样一个事实：从总量上来看，美国并没有紧密融入全球产品内分工体系（或者说跨境生产共享）中。

冲击对其他地区的影响大不相同。中国出口下降了 0.28%，与日本出口的下降很相似（为 0.25%）。尽管从数据来看中国出口给美国的商品大约比日本要多出 60%，这些出口面对冲击时的反应却是相似的。究其原因，笔者认为是因为许多日本的附加值（增加值）通过中国和其他国家或地区出口给了美国。更重要的是，对中国 GDP 的总效应是对日本的三倍。这反映出中国的 GDP 比日本更加依赖于出口。

再看看墨西哥和加拿大，美国的冲击导致了它们 GDP 和出口的巨大下降。墨西哥和加拿大的 GDP 下降了 0.22%，出口下降了 0.76%，反映出这两个国家对美国的出口份额非常大。北美自由贸易区的进口只下降了 0.14%，但是这仍然比其他地区大，因为相对来说在北美中间产品联系很紧密。在其他地区，美国冲击对 GDP 和海外出口更加温和些。

表 4-1 中,由对称性冲击等量作用于所有部门时所引发的这些效应大大低估了贸易在传递全球衰退时的真实作用。因为有大量的证据表明在危机中有些部门比其他部门受的冲击更大。尤其是制造业部门,在大多数国家或地区遭受的冲击比较大。这种不对称性是很重要的,因为制造业比其他部门更多地参与贸易和国际或区域垂直专业化分工。为了评估非对称性部门层面的冲击引致的效应,接下来假定有最终总需求下降 1% 的冲击,它只影响工业部门(例如制造、建筑业和公用事业,即公共基础设施),表 4-2 列出了结果。

表 4-2　美国或欧盟总需求下降 1% 对工业部门的冲击

国家或地区(变动百分比)	(A)美国(总需求下降 1%)			(B)欧盟(总需求下降 1%)		
	出口	GDP	进口	出口	GDP	进口
中国	−0.95	−0.27	−0.31	−0.53	−0.15	−0.17
日本	−0.87	−0.10	−0.14	−0.44	−0.05	−0.07
美国	−0.29	−0.70	−2.71	−0.45	−0.04	−0.04
南美	−0.90	−0.17	−0.17	−0.47	−0.09	−0.08
亚洲新兴经济体	−0.69	−0.24	−0.29	−0.45	−0.16	−0.18
欧洲新兴经济体	−0.23	−0.06	−0.06	−1.30	−0.34	−0.32
欧盟(2003 年成员)	−0.63	−0.08	−0.08	−0.13	−0.77	−1.69
北美自由贸易区(不含美国)	−2.34	−0.58	−0.66	−0.16	−0.04	−0.04
其他地区	−0.21	−0.05	−0.03	−0.41	−0.10	−0.05

资料来源:Bems R.,Johnson R. C.,Yi K. M. The collapse of global trade:Update on the role of vertical linkages[J]. The Great Trade Collapse:Causes,Consequences and Prospects,2009:79-86,table2.

与表 4-1 相比,我们立刻发现,对出口的影响要大很多。例如,北美自由贸易区出口下降了 2.34%,而在对称性冲击下只下降 0.76%。这种巨大的差别很大程度上是因为工业产品比其他非工业产品和服务更加广泛地参与贸易。中国和日本的出口大约下降 0.90%。由于出口下降幅度在非对称性冲击下增大了 3 到 4 倍,不同地区的 GDP 比对称性冲击情况下也增大了 3 到 4 倍,例如,中国 GDP 下降了 0.27%,北美自由贸易区下降了 0.58%。最后,进口效应所受冲击也要大很多。这反映了一个事实,即通过进口中间产品联系,更大的出口下降意味着更大的进口下降。通过表 4-2,可以发现,考虑非对称性冲击时,高度参与垂直专业化生产的工业部门的冲击引发的出口贸易、进口贸易和GDP 的变动都是对称性冲击的 3 到 4 倍,证实了垂直专业化分工会引起冲击的放大效应。

第三种情况:为了进一步考察垂直专业化分工引起冲击对贸易影响的放大作用,假设没有垂直专业化分工引起的进口中间品联系,并且所有的国际或区域贸易都只是最终产品贸易,来观察冲击对贸易的影响,结果如表 4-3 所示。

表 4-3　不考虑中间产品联系时需求冲击对贸易的影响

国家或地区(变动百分比)	(A) 美国(总需求下降 1%)		(B) 欧盟(总需求下降 1%)	
	出口	进口	出口	进口
中国	−0.64	0.00	−0.30	0.00
日本	−0.55	0.00	−0.21	0.00
美国	0.00	−1.82	−0.20	0.00
南美	−0.29	0.00	−0.16	0.00
亚洲新兴经济体	−0.40	0.00	−0.21	0.00
欧洲新兴经济体	−0.09	0.00	−0.76	0.00
欧盟(2003 年成员)	−0.36	0.00	0.00	−0.86
北美自由贸易区(不含美国)	−1.56	0.00	−0.05	0.00
其他地区	−0.23	0.00	−0.25	0.00

资料来源:Bems R., Johnson R. C., Yi K. M. The collapse of global trade:Update on the role of vertical linkages[J]. The Great Trade Collapse:Causes, Consequences and Prospects, 2009:79-86,table3.

首先看 A 组中美国冲击效应,我们发现美国的出口现在下降为 0,这是因为冲击开始于美国国内需求,当所有贸易发生于最终产品时,美国只有进口下降。美国的出口只有通过进口中间产品联系才受美国需求冲击的影响。在其他国家和地区,出口的下降约比考虑中间产品联系(第二种情况,表 4-2)情况下低 1/3~1/2。作为美国零出口的推论,所有地区与美国相比进口都没有变化,这个原因与前面一样:因为如果其他国家或地区的出口生产需要进口中间品,这些国家或地区只会遭受进口下降。从表 4-3 可以进一步看出,如果不存在垂直专业化分工,金融危机引起的出口贸易下降要小得多,而对进口贸易则没有影响。因此,我们可以把前两种情况下的进口的下降解释为垂直专业化效应。

Rudolfs Bems、Robert Johnson 和 Yi K. M.(2009)的研究从经验数据上有力地证明了产品内分工(或者说国际或区域垂直专业化分工)引起了金融危机对贸易冲击的放大效应。

2. 垂直专业化分工会增强经济体之间经济周期协同关系

上面所述内容,证明了垂直专业化分工促进了金融危机对贸易的冲击,但是,他们并没有说明为什么会这样,只能说明垂直专业化分工是贸易大规模下降的一个重要因素。而关于这个因素到底是如何传递金融危机的,没有进行研究。其他学者对此进行了数理模型的深入研究。这些研究主要是从垂直专业化分工与国家或地区之间经济周期协同的关系来考察的。其研究结论可以分为两个方面:从国家或地区层面来讲,两国或地区之间垂直专业化水平越高,经济周期协同性越强;从部门层面来看,同一国家或地区不同部门在面临危机冲击时,垂直专业化水平越高的部门受到的冲击越大。

Burstein、Kurz 和 Tesar(2008)发展了一个国际或区域经济周期模型,该模型演绎出垂直专业化生产共享的贸易程度与国际或区域经济周期协同之间的正向联系。他还利用美国跨国公司与其海外附属机构之间的 1990—2006 年的贸易数据进行经验检验,结果表明那些参与美国垂直专业化生产更多的国家或地区表现出与美国制造业产出有更紧密的相互关系。

更多的研究是针对行业(或部门)层面的。Julian di Giovanni 和 Andrei A. Levchenko(2009)用行业层面(或者称为部门层面)的生产和贸易数据来检验通过国际或区域贸易影响经济周期协同的各种渠道的重要性。他将来自 UNIDO 数据库的 55 个发达和发展中经济体在 1970—1999 年的部门产出数据与来自世贸组织数据库的双边部门贸易序列数据进行整合(Feenstra,2005),实证研究发现:Frankel-Rose 效应在部门层面是存在的,即更多的双边贸易往来的部门间呈现更强的经济周期协同关系。其次,双边贸易在垂直专业化水平更高的部门之间引发经济周期协同显得更为突出。并且,通过国际或区域投入—产出表的分析发现,垂直专业化能解释双边贸易对总经济协同影响的 32%。Levchenko 等(2010)针对美国在金融危机期间不同行业的贸易下降情况进行了详细研究,证实了美国参与垂直专业化分工程度较高的部门受到的冲击越大。

上述研究主要是从实证角度检验了垂直专业化程度对经济周期传导的关键作用。理论方面主要的贡献者是 Burstein. Kurz 和 Tesar(2008)。后来又有些学者想从理论模型角度证实这个结论的存在,效果均不是很理想。如 Costas Arkolakis 和 Ananth Ramanarayanan(2009),在 Backus 等(1994)的国际或区域经济周期模型里引入了生产者的异质性,发展了两阶段生产模型。在每一个阶段,每个经济体的垂直专业化程度是内生的。每个经济体都需要来自其他经济体的投入品来生产出最终产品。由于经济体之间货物(产品)贸易范围更广泛时这种联系更紧密,因此,这种垂直专业化为模型提供了一个说明更高的贸易与更密切的经济周期关系之间的潜在机制。他首先考虑了完全竞争情况,如 Eaton 和 Kortum(2002)的李嘉图模型一样,但数据检验不支持模型的结论。他又引入了不完全竞争模型,该模型源于 Bernard、Eaton、Jensen 和 Kortum(2003),允许不同生产者的效率差异。在这个模型里,效率差异会引起可度量的生产率差异。该模型的定性和定量分析均支持该结论——垂直专业化更高的部门贸易与经济周期之间关系更密切。Chin-Yoong Wong 和 Yoke-Kee Eng(2012)提出一个贝叶斯估计的考虑非连续交易的中间产品的两经济体三阶段新凯恩斯模型,并利用 9 个东亚和东南亚经济体的生产和贸易数据进行实证,但是实证结果与理论模型演绎的结论不相符。作者认为,这是因为对生产与贸易中的垂直专业化的不合适的形式规定造成的。

在上面的分析中,应该说对于垂直专业化在危机中对贸易下滑的放大效应有了较成熟和一致的意见。这种放大效应是产品内分工体系的微观不稳定性在宏观上的反应,是产品内分工体系在受到冲击时脆弱性的表现。

但目前关于垂直专业化对于经济周期协同的作用无论是理论上还是实证上都还缺乏足够的证据,因此本书接下来基于这一点从理论上和经验证据上予以论述。

(二)理论模型分析

笔者接下来将在 Ariel Burstein 等(2008)的模型基础上研究垂直专业化分工对冲击传递的影响。

首先是模型的基本假设条件,为了简单明了,笔者将其制成表格,如表 4-4 所示。

表 4-4　模型基本假设

相关项目	基本假设
研究的经济体数量	两个经济体,分别用 1 经济体和 2 经济体标识
生产的产品种类	每个经济体专门生产一种中间产品。这两种中间投入品共同生产出两种最终产品:其中一种为垂直专业化产品,另一种为水平差异化产品
每个经济体生产并消费的产品种类	只有 1 经济体消费垂直专业化产品,但经济体都消费水平差异化产品
生产技术水平	两种最终产品在生产中采取的技术水平不同,而生产技术的差异取决于来自该经济体与来自其他经济体的中间投入品之间的替代弹性的差异
中间投入品替代弹性	假设在生产过程中,垂直专业化产品与水平差异化产品相比,来自该经济体和其他经济体的中间产品之间的替代弹性较低
中间产品生产所需的投入要素	中间品 z_i 的人均产出受该经济体劳动力 n_i 和人均资本 k_i 以及生产力总水平 A_i 的影响

关于中间投入品替代弹性的假设的合理性在于垂直专业化分工中各个工序或环节之间衔接的时间相比水平差异化产品要短。在垂直专业化生产中,假定一共分成两阶段生产,在 1 经济体进行生产的第一阶段,在 2 经济体进行生产的第二阶段。

假设时间是离散的,每个时间点表示为 $t=1,2,3,\cdots,+\infty$。经济体以 $i=1,2$ 表示,每个经济体的人口用 L_i 表示。则 i 经济体代表性个体的偏好和期望用效用函数可表示为:

$$U_i = \max E_0 \sum_{t=0}^{\infty} \beta u(c_{it}, 1-n_{it}) \tag{4.2}$$

式中,$u(c_{it}, 1-n_{it}) = \dfrac{1}{1-\sigma} \left[c_{it}^{\mu} (1-n_{it})^{1-\mu} \right]^{1-\sigma}$,$c_i$ 和 n_i 分别表示 i 经济体的人均消费和人均就业人数。

根据投入品生产要素的假定,若技术水平 A_i 是可变的,则人均中间投入品的生产函数表示为:

$$z_{it} = A_i e^{s_t} (n_{it})^a (k_{it})^{(1-a)} \tag{4.3}$$

式中,α 表示产出中劳动的比例,s_t 表示生产率受到的冲击向量。该冲击向量为

$s_t = (s_{1t}, s_{2t})$，它依据冲击方程式 $s_{t+1} = Ps_t + \varepsilon_{t+1}$ 形成。这里，P 是一个 2×2 对称矩阵，特征值是 P_{11} 和 P_{12}，ε_t 为随机干扰项。

假设最终产品不进行贸易，即最终产品都在其生产所在地消费。只有中间投入品是进行国际或区域贸易的。每个经济体都需要用来自该经济体和其他经济体生产的中间投入品一起生产出水平差异化产品和垂直专业化产品等两种最终产品。接下来我们用 x 表示水平差异化产品，用 v 表示垂直专业化产品。这两种产品的生产方程式如下。

水平差异化产品的生产用阿明顿（Armington）方程表示为：

$$X_{it} = [\theta^{1-\rho}(X_{iit})^{\rho} + (1-\theta_i)^{1-\rho}(X_{ijt})^{\rho}]^{\frac{1}{\rho}}, i = 1,2, i \neq j \quad (4.4)$$

式中，x_{ijt} 表示生产水平差异化产品 x 的中间产品的数量，下标 i 表示中间投入品最终组装所在地，下标 j 表示这个中间投入品的生产来源地，$1-\theta_i$ 代表在水平差异化产品 x_i 生产中进口的中间投入品的权重。$1/(1-\rho)$ 代表生产水平差异产品 x 的中间投入品之间的替代弹性，根据前面的假设，它与垂直一体化产品相比比较高。

垂直专业化产品 v，由于它只在 1 经济体消费，其生产方程式用阿明顿（Armington）方程表示为：

$$v_{1t} = [\lambda^{1-\zeta}(v_{11t})^{\zeta} + (1-\lambda)^{1-\zeta}(v_{12t}\zeta)]^{\frac{1}{\zeta}} \quad (4.5)$$

$1-\lambda$ 表示 1 经济体从 2 经济体进口的中间投入品 v_{12} 的重要程度权重。$1/(1-\zeta)$ 表示生产垂直专业化产品 v 的两种中间产品之间的替代弹性。根据基本假设，$1/(1-\zeta)$ 比 $1/(1-\rho)$ 要小得多，因为在垂直专业化生产中中间投入品是互补关系。这里，通常我们可以把产品 v_1 当作是跨境公司和其境外子公司联合生产的。

假设每个经济体生产的最终可贸易品为 y_i^T。1 经济体最终可贸易产品 y_1^T 由 x 和 v 依据式(4.6)组成：

$$y_{1t}^T = (x_{1t})^{\omega}(v_{1t})^{1-\omega} \quad (4.6)$$

式中，ω 代表水平差异化产品的权重。假设 2 经济体除了与 1 经济体以外不再跟其他经济体进行垂直专业化合作生产，则 2 经济体的最终可贸易品 $y_{2t}^T = x_{2t}$。

假设一个经济体的最终产出 y_i 由最终可贸易产品 y_i^T 和不可贸易产品 y_i^N 共同生产而成，则一个经济体最终产出的生产方程为：

$$y_{it} = (y_{it}^T)^{\gamma}(y_{it}^N)^{1-\gamma} \quad (4.7)$$

式中，γ 代表可贸易最终产品的权重。

假设两个经济体均只有私人与企业两部门经济，则各经济体对最终产品的资源约束方程为：

$$y_{it} = c_{it} + i_{it} \quad i = 1,2 \tag{4.8}$$

$$i_{it} = k_{i(t+1)} - (1-\delta)k_{it} \tag{4.9}$$

从中间产品来看，两个经济体所受的资源约束方程分别为：

$$L_1 \times z_{1t} = L_1 \times x_{11t} + L_2 \times x_{21t} + L_1 \times v_{11t} + L_1 \times y_{1t}^N \tag{4.10}$$

$$L_2 \times z_{2t} = L_2 \times x_{22t} + L_1 \times x_{12t} + L_1 \times v_{12t} + L_2 \times y_{2t}^N \tag{4.11}$$

式(4.10)左边代表 1 经济体中间产品生产总量(为 1 经济体人数 L_1 与人均中间产品产量 z_{1t} 的乘积)，右边代表 1 经济体生产的总中间投入品的去向，分别为本经济体用来生产 x_1、v_1 或者 y_1^N，以及出口到 2 经济体与另外的中间投入品一起生产 x_2。这里特别注意的是，x_{11}、v_{11}、x_{21} 或者 y_1^N 原本均指人均值，因此算总产出时需要乘以人数，与式(4.11)同。

式(4.11)左边代表 2 经济体中间产品生产总量(为 2 经济体人数 L_2 与人均中间产品产量 z_{2t} 的乘积)，右边代表 2 经济体生产的总中间投入品的去向，分别为该经济体用来生产 x_2 和 y_2^N，也可以出口到 1 经济体与另外的中间投入品一起生产 x_1 和 v_1。

为了研究两经济体之间的贸易对两经济体经济周期的影响，假定决策者可以将风险在各经济体之间分散。则按照上面所述的约束条件，两个经济体在实现均衡时可以实现两经济体的总效用最大化(即社会福利最大化)，实现最优资源配置。根据消费者均衡条件，均衡时产品的相对价格等于其边际替代率，因此我们用两种产品的边际替代率表示相对价格。假设 z_1 的价格为 1，则 z_2 的相对价格用 p_t 表示。

依据式(4.10)，将该式左边乘以该经济体人口就可得该经济体以中间产品表示的总产出。考虑 1 经济体的人民账户收入，则有等式：

$$L_1 Z_{1t} = P_{1t}^y L_1 (c_{1t} + i_{1t}) + TB_{1t} \tag{4.12}$$

式中，P_{1t}^y 表示 1 经济体最终产品的价格。而依据国际或区域贸易流量，1 经济体的贸易收支 TB_{1t} 应该为：

$$TB_{1t} = L_2 x_{21t} - L_1 p_t x_{12t} - L_1 p_t v_{12t} \tag{4.13}$$

式中，$L_2 x_{21t}$ 为 1 经济体出口至 2 经济体的中间产品总值，$L_1 p_t x_{12t}$ 为 1 经济体从 2 经济体进口的用于生产水平差异化产品的中间产品总值，$L_1 p_t v_{12t}$ 为 1 经济体从 2 经济体进口的用于生产垂直专业化产品的中间投入品(中间产品)的总值。

类似的,依据资源约束,2 经济体的人民账户表示为:

$$L_2 p_t Z_{2t} = L_2 P_{2t}^y (c_{2t} + i_{2t}) + TB_{2t} \qquad (4.14)$$

式中,p_{2t}^y 表示 2 经济体的最终产品价格。同样,依据国际或区域贸易流量,2 经济体的贸易余额 TB_2 应为:

$$TB_{2t} = L_1 p_t v_{12t} + L_1 p_t x_{12t} - L_2 x_{21t} \qquad (4.15)$$

可以看出,$TB_2 = -TB_1$,因为本模型假设只有两个经济体,则一经济体出口为另一经济体进口。

将式(4.13)、式(4.15)代入式(4.12)、式(4.14),再联合式(4.10)、式(4.11),可计算最终产品的价格为:

1 经济体:

$$P_{1t}^y = k_1 [\theta_1 + (1-\theta_1)(p_t)^{\rho/(\rho-1)}]^{\frac{\mu\sigma'}{\rho}} [\lambda + (1-\lambda)(p_t)^{\xi/(\xi-1)}]^{\frac{\mu'(1-\omega)(\xi-1)}{\xi}} \qquad (4.16)$$

2 经济体:

$$P_{2t}^y = k_2 [\theta_2 (p_t)^{\rho/(\rho-1)} + (1-\theta_2)]^{\frac{\mu\sigma-1}{\rho}} (p_t)^{1-\gamma} \qquad (4.17)$$

式中,$k_2 = [\gamma^\gamma (1-\gamma)^{1-\gamma}]^{-1}$,$k_1 = k_2 [\omega^{\gamma\omega}(1-\omega)^{\gamma(1-\omega)}]^{-1}$。

为了进一步分析冲击在两经济体之间的传递机制,需要计算两个部门的中间投入产品的比例关系,当 1 经济体生产实现水平差异化产品 x 最优产量时,求一阶导数,则生产 x 所需的两中间产品 x_{11} 和 x_{12} 达到最优配置时应满足:

$$\frac{1-\theta_1 x_{11t}}{\theta_1 x_{12t}} = p_t^{\frac{1}{1-\rho}} \qquad (4.18)$$

同样,求得当 1 经济体生产实现垂直专业化产品 v 最优产量时,求一阶导数,则生产 v 所需的两中间产品 v_{11} 和 v_{12} 达到最优配置时应满足:

$$\frac{1-\lambda v_{11t}}{\lambda v_{12t}} = p_t^{\frac{1}{1-\xi}} \qquad (4.19)$$

比较式(4.18)和式(4.19)可以发现,如果 $\rho > \zeta$,则给定 p 一定的变化,模型重新分配后,x_{11} 和 x_{12} 的重新分配额大于 v_{11} 和 v_{12} 之间的重新分配额。重新分配以后,

$$\frac{\Delta v_{12t}}{\Delta v_{11t}} > \frac{\Delta x_{12t}}{\Delta x_{11t}} \qquad (4.20)$$

式(4.20)说明,在垂直专业化生产中 2 经济体中间产品 v_{12} 的出口(即 1 经济体的进口)与 1 经济体产出的相关程度大于在水平差异化产品生产中 2 经济体中间产品 x_{12} 的出口(即 1 经济体的进口)与 1 经济体产出的相关程度。这是冲击在垂直专业化生产方式下比在水平专业化生产方式下传递时增强的核心机制。

同样,为求得 2 经济体生产的水平差异化产品的最优产量,在 2 经济体组装生产而成水平差异化产品 x 的两种中间产品 x_{21} 和 x_{22} 需满足:

$$\frac{1-\theta_2}{\theta_2}\frac{x_{21t}}{x_{22t}} = p_t^{\frac{1}{r}} \tag{4.21}$$

由式(4.21)也可知,当 p 变化时,1 经济体的中间产品出口(即 2 经济体的进口)x_{21} 与 2 经济体的产出变动之间也有关联。

至此,我们总结一下上述模型的结论。由式(4.18)和(4.19)以及(4.20)可以看出:那些两经济体之间垂直专业化贸易占更大份额的经济体之间的经济周期协同性比那些两经济体之间水平专业化贸易占主要份额的经济体之间的经济周期协同性更高。也就是说:垂直专业化生产能增强两经济体之间的经济周期协同性;但不排除水平差异化产品的生产也会增强两经济体之间的经济周期协同性,只是垂直专业化分工比水平专业化分工对于两经济体之间的经济周期协同性的影响更大。

本书接下来,为了说明垂直专业化分工体系的不稳定性。由上述结论演绎出三个针对东亚产品内分工体系的推论。

推论 1:两经济体之间垂直专业化水平越高,两经济体经济周期协同性越强。

由上述模型知,垂直专业化生产能增强两经济体之间的经济周期协同性,由此,可以演绎出此推论。并且,由推论 1 可以演绎出以下两个推论。

推论 2:面临危机冲击时,一经济体参与国际或区域垂直专业化生产程度越高,受冲击影响越大。

推论 3:面临外部冲击时,同一经济体内部垂直专业化水平越高的部门,受冲击影响也越大。

(三)实证分析

本书接下来针对上述理论模型的三个推论利用东亚经济体的经济运行数据进行实证研究。

1. 推论 1 的检验

(1)数据准备

为了说明两经济体之间垂直专业化水平对两经济体经济周期协同性的影响,接下来要利用东亚各经济体的经济运行数据对此做经验证明。关于数据,有几点需要说明:

一是东亚经济体的选择。由于中国台湾和印度尼西亚的数据的不可得性，本部分东亚经济体考虑的是中国大陆、日本、韩国、中国香港、新加坡、泰国、马来西亚、菲律宾和越南等 9 个经济体。

二是关于两经济体之间垂直专业化水平的指数计算。垂直专业化指数的计算方法有很多种，这里，依据数据的可得性，采取非一体化指数代替垂直专业化指数，并且在其基础上改进，两经济体之间的垂直专业化指数＝两经济体之间中间产品进出口贸易总额/两经济体 GDP 总额，此处的贸易值和 GDP 值均以当期价格计算。

三是两经济体经济周期协同性指数的计算。通常计算两经济体经济周期协同性指数采取两种方法，一种计算两经济体实际 GDP 之间的相关系数；一种是计算两经济体之间实际 GDP 增长率的相关系数。本书采取最常用的一种即两经济体之间实际 GDP 增长率的相关系数。但通常计算两经济体实际 GDP 增长率的相关系数是基于一段时间的，一般是 5 年以上，而两经济体之间垂直专业化指数是按照年度计算的，这样数据的时间段就不匹配。为解决此问题，本书的经济周期协同性指数采取 Cerqueira-Martins 相关性指数。该方法可以用来衡量两个经济体在某一特定的时间点上经济周期波动的相关系数(也称经济周期协同系数)。Cerqueira-Martins(2009)将对应于时点 t 的经济周期波动的相关系数定义为：

$$r_{ijt} = 1 - \frac{1}{2}\left[\frac{d_{jt} - \overline{d}_j}{\sqrt{\frac{1}{T}\sum_{t=1}^{T}(d_{jt} - \overline{d}_j)^2}} - \frac{d_{it} - \overline{d}_i}{\sqrt{\frac{1}{T}\sum_{t=1}^{T}(d_{it} - \overline{d}_i)^2}}\right]^2 \quad (4.22)$$

式中，r_{ijt} 就是在时间点 t 时 i 经济体和 j 经济体的经济周期协同系数，d_{it} 和 d_{jt} 分别表示经济体 i 和 j 对应于时间点 t(通常是某年)的 GDP 增长率。T 是指样本区间的总时间长度。$\overline{d}_i$ 和 $\overline{d}_j$ 分别表示经济体 i 和 j 从时点 1 到 T 的 GDP 增长率的平均值。Cerqueira-Martins 经过改良的相关性指数与传统的对应于某一时期的经济周期相关系数相比，具有较多的优点。首先它解除了需要设定时间间隔的限制，还不会损失样本点。最重要的是，它可以明确区分两个经济体在某一年度由于某种冲击造成的临时的负的相关性。

当然，由式(4.22)计算出的相关性指数的值是分布于 $-\infty$ 和 1 之间的，是非对称的。为解决此问题，Michael Artis 和 Toshihiro Okubo(2011) 对原来的 Cerqueira-Martins 相关性指数进行了处理，设 $\rho_{ijt} = 0.5log(1/1 - r_{ijt})$。其中的 r_{ijt} 是 Cerqueira-Martins 相关性指数，ρ_{ijt} 为处理后的两经济体的经济周期相关

性指数,该指数的值是分布于 $-\infty$ 和 $+\infty$ 的对称区间的。Michael Artis 和 Toshihiro Okubo(2011) 将相关性指数 ρ_{ijt} 称为"扩展的 Cerqueira-Martins GDP 指数"(Augmented Cerqueira & Martins's GDP Correlation Index)。

通过这种指数的计算,两经济体之间的每一年垂直专业化指数就对应着每一年两国间的经济周期协同性指数。本书选择时间区间为 1991—2007 年。2008—2009 年遭遇全球大危机,东亚区域内的经济表现在接下来两个推论里面会进行详细说明,因此,在本研究里面就不涉及。这样,对于推论 1 的经验研究基于东亚 9 个经济体,使用了 1991—2007 年的面板数据,横截面有$(9 \times 8) \div 2 = 36$ 个,样本容量为 $36 \times 18 = 648$。

东亚经济体之间中间产品贸易额来源于东亚产业经济研究所网站(RIETI - TID 2011)。GDP 数据来源于联合国数据库,GDP 增长率数据来源于 IMF 数据库。

(2)面板数据的检验

为证明推论 1,我们需要验证垂直专业化指数是否与经济周期协同性指数之间存在长期协整关系。所以,接下来,分析这两个变量之间的面板协整关系是否存在,并得出结果。

为了避免伪回归的发生,在做面板协整检验之前先要做面板单位根检验,面板单位根检验方法比较多。根据对自回归系数的假设不一样,总的来说可分为两种:相同根过程检验和不同根过程检验。前者假定自回归系数对所有截面成员都是相同的,有 LLC 检验、Breitung 检验和 Hadri 检验。后者假定自回归系数随着截面自由发生变化,有 IPS 检验和 Fisher-ADF 检验。这里,笔者采用 LLC 方法检验,利用 Eviews6.0 软件运行结果如表 4-5 所示。根据检验结果,垂直专业化指数序列 VS 和经济周期协同性指数序列 CORRE 的水平值都是平稳的,符合面板协整的前提。

表 4-5　垂直专业化指数序列和经济周期协同性系数序列的检验结果

变量	检验类型(C,T,L)	检验统计量	Prob 值	结论
VS	(C,T,3)	-4.11486^{***}	0.0000	平稳
CORRE	(C,0,M)	-8.66995^{***}	0.0000	平稳

注:表中检验类型(C, T, L)分别表示检验方程的常数项、时间趋势项和滞后阶数。滞后阶数为 M 表示按照 Schwarz 准则自动选取最大滞后值。*** 表示在 1% 显著性水平上拒绝原假设。

（3）面板协整检验

在本研究里，由于是双变量的面板协整，因此检验这两个变量之间是否存在协整关系有一种简单的方法是对这两个变量进行回归，检查其残差序列是否平稳，如果残差序列是平稳的，则存在协整关系。该方法是由 Engle 和 Granger（1987）提出的，称为两步法。

第一步，建立序列 CORRE 对序列 VS 的面板数据回归模型。首先要判断回归模型的形式，采用 Hausman 检验方法判断是固定效应形式还是随机效应形式。Eviews6.0 输出检验结果如表 4－6 所示，伴随概率小于 5%，说明拒绝使用随机效应模型的原假设，应该使用固定效应模型进行估计。

表 4－6　Hausman 检验结果

检验结果主要内容	卡方统计值	卡方统计自由度	概率值
截面随机效应	4.77778	1	0.0288

如表 4－7 所示，运用 Eviews6.0 进行固定效应变截距形式回归结果表明所有参数估计均在 1% 水平下通过显著性检验。

表 4－7　固定效应变截距回归结果

变　量	系　　数	检验 t 统计量	Prob 值
C	0.8044	9.6947	0.000
VS	18.4650	2.9762	0.003

接下来，进行回归残差序列的单位根检验。假设各界面回归的残差序列名为 G_1，通过 Eviews6.0 运行，该序列的检验结果如表 4－8 所示。

表 4－8　残差序列 G_1 的单位根检验结果

检验方法	检验统计量	Prob 值
LLC 检验	－13.1894	0.000
IPS 检验	－10.7855	0.000
Fisher－ADF 检验	244.372	0.000

注：检验类型为(C,0,M)，C,0,M 的含义同表 4－5。

由表 4－8 可知，各种检验方法均表明残差序列 G_1 在 1% 的水平下拒绝原假设,不存在单位根,即该序列是平稳的。这说明垂直专业化指数与经济周期协同性指数之间存在长期正相关的协整关系。

(4) 结论

由上述面板协整检验的过程可知,垂直专业化指数与经济周期协同性指数之间存在长期正相关的协整关系,其协整方程为:

$$CORRE = 18.4650VS + 0.8044 \tag{4.23}$$

该协整方程表明,东亚区域内两经济体之间垂直专业化指数增长 1%,会引致两经济体之间经济周期协同性指数增长 18.4650%,即东亚区域经济体之间经济周期协同性指数对经济体之间垂直专业化指数的变化是富有弹性的。这证实了上文的第一个推论:两经济体之间垂直专业化水平越高,两经济体经济周期协同性越强。

2. 推论 2 的检验

2008—2009 年经济危机期间,东亚各经济体均受到影响,各经济体的出口贸易均大幅下降,同时进口贸易也下降,这充分显示了在面临危机时垂直专业化分工带给个经济体的连锁影响。但是,在这次危机期间,各经济体所受的影响程度各不相同,这是因为:每个经济体由于内部都采取了相应刺激经济措施,同时由于各经济体的出口依存度不一样,参与垂直分工程度不一样,这些都最后决定了一经济体产出和贸易的变化不同。由于推论 2 只是关注在这次危机中各经济体因参与垂直专业化分工(产品内分工)不同而受到冲击的影响不同,所以,我们接下来只考虑两个变量(各经济体的垂直专业化指数与经济波动指数)之间是否存在正相关关系,采用的分析方法是相关分析。

(1) 变量选择

选择自变量为东亚各经济体参与产品内分工的垂直专业化指数。这里,垂直专业化指数以各经济体进口中间产品占产出的比重来表示,并且选择危机之前的 2007 年的数据,它表明了发生危机初始时各经济体参与垂直分工的程度。东亚经济体的波动指数选择各经济体进出口贸易总额在 2009 年(与 2008 年相比)的变动百分比表示。其中,东亚经济体选择中国大陆、日本、韩国、中国香港、新加坡、泰国、马来西亚、印度尼西亚、菲律宾、越南等 10 个经济体。各经济体的中间产品进口数据来源于东亚产业经济研究所网站。各经济体进出口贸易总额的数据来源于世界银行数据库中的世界发展指标数据。

（2）数据特征

经过笔者计算，2007 年东亚各经济体参与东亚产品内分工的垂直专业化指数和各经济体的进出口贸易总额的波动百分比分别如表 4-9 所示。

表 4-9   金融危机期间东亚各经济体的垂直专业化指数与贸易波动百分比

经济体	中国大陆	日本	韩国	中国香港	新加坡	泰国	马来西亚	印度尼西亚	菲律宾	越南
VS	0.13	0.06	0.17	1.04	0.90	0.34	0.52	0.10	0.19	0.63
Fluctuation(%)	15	27.1	22.3	14.8	24.8	21.7	19.7	21.9	25.3	54.6

注：VS 是指各经济体参与东亚产品内分工的垂直专业化指数，Fluctuation 是指各经济体的进出口贸易总额的波动百分比。

（3）相关分析

采用 SPSS16.0 软件对这两个变量进行相关分析，结果如表 4-10 所示。

表 4-10   相关分析结果

		VS	Fluctuation
VS	皮尔逊相关系数	1	0.313
	2 阶滞后伴随概率	—	0.378
	样本数	10	10
Fluctuation	皮尔逊相关系数	0.313	1
	2 阶滞后伴随概率	0.378	—
	样本数	10	10

从表 4-10 可以看出，这两个变量之间的皮尔逊相关系数为 0.313。说明这二者是低度正相关的[①]。但是，由于伴随概率为 0.378，说明该相关系数未通过显著性检验。因此，该结论说明这两个变量之间存在不显著的低度正相关关系。

出现该结果的原因可能有以下几种。

---

① 相关分析的结果判断标准：设两个变量的相关系数为 r，当 $|r| > 0.95$，称二者存在显著性相关；当 $|r| \geqslant 0.8$，称二者高度相关；当 $0.5 \leqslant |r| < 0.8$，称二者中度相关；当 $3 \leqslant |r| < 0.5$ 称二者低度相关；当 $|r| < 0.3$，关系极弱，认为二者不相关。

第一种：从计量经济学角度来看，只考察 10 个经济体，样本数量过少，会影响结论。

第二种：由于影响东亚各经济体波动的原因除了参与产品内分工程度以外还有很多，尤其是金融危机期间各经济体采取的宏观政策措施，对各经济体的贸易波动均有较大逆向影响。这些抑制经济波动的措施对东亚经济体带来的影响可能超过参与产品内分工带来的影响。同时不同经济体采取的措施力度不一样，影响经济的效果也不一样。由于这些因素在本研究中未考虑到，因而本结果不能很好支持推论 2。

3. 推论 3 的检验

为了考察垂直专业化分工在经济危机对不同行业的影响中的作用，接下来需要分行业研究所受到的经济危机的影响。考虑到数据的可得性，这里选择中国工业行业进行研究。

（1）变量选择及指标计算

本研究以不同行业在危机期间的贸易波动百分比作为因变量，用 Fluctuation 表示，以不同行业的垂直专业化指数作为自变量，用 VS 表示。其中，不同行业贸易波动百分比用每个行业 2009 年（相对于 2008 年）的出口贸易减少额占 2008 年整个中国工业增加值的比重表示。工业分行业出口贸易值来自于《中国统计年鉴 2008》《中国工业统计年鉴 2009》，以其中的出口交货值表示，单位为亿元。

不同行业的垂直专业化指数选择危机之前的 2007 年数据表示，它表明了发生危机初始时中国工业各行业参与产品内分工的程度。关于垂直专业化指数的计算，这里考虑数据的可得性，中国编制了 2007 年的投入产出表，因而采用的是 Hummels(1998) 的方法进行计算的。计算公式为：$VS_k/K_k = \mu A^M (I - A^D)^{-1} X/X_k$，其中 A^M 为 $n \times n$ 维的进口系数矩阵，μ 为 $1 \times n$ 维的元素为 1 的向量，I 是单位矩阵，A^D 是 $n \times n$ 维的国内系数矩阵，x 表示 $n \times 1$ 维的各部门出口向量，n 是产业部门数目，X_k 是各产业部门出口之和，$(I - A^D)^{-1}$ 是里昂惕夫逆矩阵。计算过程中，假设：部门所提供的中间产品在国民经济各部门中的投入比例是相同的；第二，如果某一部门的产品能够划分为中间品和最终品，那么中间品中所包含的进口与国内生产的价值比等于最终品中所包含的进口与国内生产的价值比。依据国际标准产业分类标准（ISIC）与国民经济行业分类标准，并对照投入一产出表,本研究最终确定了 32 个工业行业。各工业行业的进出口贸易原始数据来源于联合国 COMTRADE 数据库,笔者将其按照盛斌[①](2002)的方法与各行业的对应关系进行了重新整理,计算所得数据如表 4－11 所示。

表 4－11　中国工业行业分行业的垂直专业化指数和出口波动百分比

行　　业	垂直专业化指数	出口金额波动百分比(%)
煤炭开采和洗选业	0.119294	0.017728
石油和天然气开采业	0.117268	0.023582
黑色金属矿采选业	0.203267	0.000108
有色金属矿采选业	0.183643	0.001143
非金属矿采选业	0.161008	0.001954
食品制造业	0.116856	0.00427
饮料制造业	0.132926	0.002959
纺织业	0.193857	0.0638
纺织服装、鞋、帽制造业	0.175949	0.029177
皮革、毛皮、羽毛(绒)及其制品业	0.168852	0.034269
木材加工及木、竹、藤、棕、草制品业	0.164664	0.001021
家具制造业	0.164794	0.023056
造纸及纸制品业	0.204198	0.016839
印刷业和记录媒介的复制	0.19482	0.000585
文教体育用品制造业	0.226666	0.021792
石油加工、炼焦及核燃料加工业	0.292102	0.003974
化学原料及化学制品制造业	0.263274	0.114182
化学纤维制造业	0.306054	0.015792

① 盛斌:《中国对外贸易政策的政治经济分析》,上海三联出版社 2002 年版,第 127 页。

续　表

行　　业	垂直专业化指数	出口金额波动百分比(%)
橡胶制品业	0.255067	0.013077
塑料制品业	0.311571	0.051941
非金属矿物制品业	0.183918	0.037722
黑色金属冶炼及压延加工业	0.234359	0.399184
有色金属冶炼及压延加工业	0.266183	0.081575
金属制品业	0.211929	0.189042
通用设备制造业	0.231328	0.140722
专用设备制造业	0.238314	0.07042
交通运输设备制造业	0.168668	0.06246
电气机械及器材制造业	0.292262	0.154814
通信设备、计算机及其他电子设备制造业	0.426082	0.385476
仪器仪表及文化、办公用机械制造业	0.442919	0.075356
工艺品及其他制造业	0.126482	0.033494
废弃资源和废旧材料回收加工业	0.04799	0.000404

（2）数据特征

如表 4－11 所示,2007 年,中国工业行业的 32 个细分行业中,垂直专业化指数最高的行业是仪器仪表及文化、办公用机械制造业,其次为通信设备、计算机及其他电子设备制造业,其他如塑料制品业、化学纤维制造业、石油加工、炼焦及核燃料加工业、电气机械及器材制造业和化学原料及化学制品制造业等的垂直专业化程度都比较高;垂直专业化程度最低的是废弃资源和废旧材料回收加工业。从所受 2008 年金融危机的影响来看,波动幅度最大的行业是黑色金属冶炼及压延加工业,其次是通信设备、计算机及其他电子设备制造业。最小的是黑色金属矿采选业。

（3）相关分析

采用 SPSS16.0 软件对中国各行业的出口垂直专业化指数变量(VS)和出口金额波动百分比变量(Fluctuation)进行相关分析,分析结果如表 4－12 所示。从结果来看,这两个变量的皮尔逊相关系数为 0.50,表明二者是正相关。同时伴随概率为 0.005,表明通过 1% 的显著性水平检验,即在 1% 的水平下二者显著正相关。只是相关系数不是很高,属于中度相关。说明各行业出口波动除了受参与产品内分工程度不同影响,还受其他因素影响。为了检验各行业产于产品内分工程度不同对出口波动的解释力大小,接下来进行回归分析。

表 4 - 12 相关分析检验结果

		VS	Fluctuation
VS	皮尔逊相关系数	1	0.50***
	2 阶滞后伴随概率		0.005
	样本数	32	32
Fluctuation	皮尔逊相关系数	0.50***	1
	2 阶滞后伴随概率	0.005	
	样本数	32	32

注:*** 表示在 1% 的水平下显著。

(4)回归分析

为了说明中国各行业垂直专业化程度不同对经济波动的影响度有多大,在确定二者存在显著正相关前提下,对这两个变量进行回归分析,分析结果如式(4.24)所示:

$$Fluctuation = 0.5640^{***} VS - 0.0556^{**} \quad (4.24)$$
$$(3.0242) \quad (-1.3012)$$
$$(0.005) \quad (0.020)$$
$$R^2 = 0.2336$$

回归结果中上面一行括号里数据表示各系数估计结果的 t 统计量的值,下面括号里的数值表示伴随概率,由此可知,VS 的系数通过 1% 的显著性检验,前面用 *** 表示,常数通过 5% 的显著性检验,用 ** 表示。拟合优度系数为 0.2336,表明各行业垂直专业化程度能解释 23.36% 的各行业的出口波动。

综上所述,从行业层面来看,实证分析结果基本支持推论 3 的假说。

第三节　区域分工对外部市场的依赖引致的
分工体系不稳定

一、东亚区域内最终产品需求演变及特征

（一）东亚区域内最终产品的贸易比重变化

1. 区域内最终产品贸易占世界最终品贸易的比重变化

依据 RIETI-2011（日本产业经济研究所数据库）数据计算发现，东亚区域最终产品贸易额（进出口总额）占世界最终产品贸易总额的比重从 1980 年至今基本呈上升趋势，在 1980—1987 年间基本维持 4% 的比例，之后一直迅速增长至 1995 年达到最大值 12%，之后基本稳定，虽然受两次金融危机的影响有所波动，但危机之后迅速恢复，比率基本稳定，维持在 10% 左右，目前仍有上升趋势（见图 4-3）。

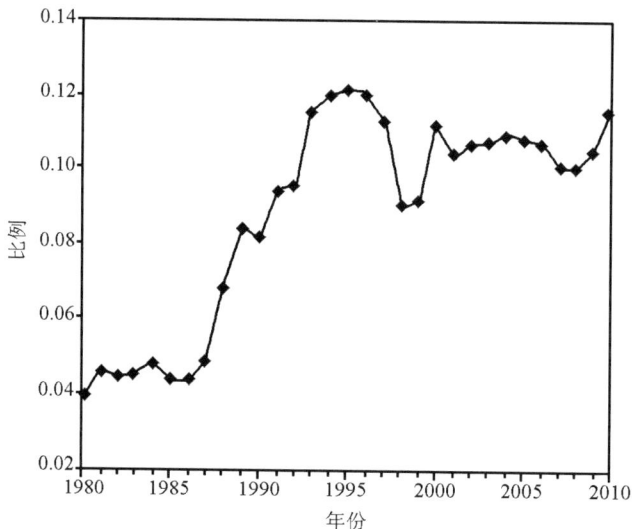

图 4-3　东亚区域内最终产品贸易占世界最终产品贸易的比重变化

2. 区域内最终产品贸易占区域内总贸易的比重变化

同样数据来源计算发现,东亚区域内最终产品贸易占区域内总贸易的比重从 1980 年至今呈倒 U 型变化(见图 4-4),1980 年为 25%,此后基本呈上升趋势,至 1993 年最大值为 40.13%,然后又逐渐下降,至 2010 年为 29.78%。特别需要说明的是,1997 年金融危机没有影响当时比重下降的趋势,但 2008 年金融危机后,2009 年该比率有所回升,从 28.6% 上升至 30.8%。这可能是因为 1997 年金融危机没有影响东亚区域的外部市场需求,但 2008 年金融危机时东亚外部市场需求迅速减少,东亚启动内需措施使得区域内最终品需求短期内增加。

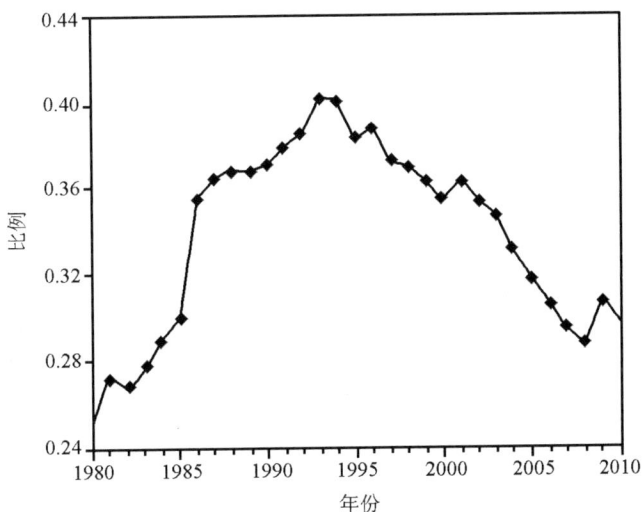

图 4-4 东亚区域内最终产品贸易占区域内总贸易的比重变化

3. 区域内最终产品需求对区域外市场的依赖程度变化

东亚经济快速增长至今,对外部市场需求的依赖一直是其显要特征。但从 1980 年至今,这种依赖情况也并非一成不变。这里,东亚区域的最终产品需求对区域外市场的依赖程度 = 东亚对区域外最终品的出口 ÷ 东亚对世界最终品的出口。如图 4-5 以及表 4-13 所示,依据 RIETI-2011(日本产业经济研究所数据库)数据计算发现,从 1980 年至今,东亚区域内最终产品需求对区域外市场的依赖程度基本呈下降趋势,但中间也有波动。1980 年该指标为 78.97%,此后小幅持续上涨至 1986 年达最大值为 82.94%,然后经历 11 年持续下降至 1996 年最小为 59.70%,之后又上升,至 1999 年最大为 70%,此后基本稳定,维持在 $65\%\sim70\%$ 之间,至 2010 年,该指标为 67.69%。所以总的来看,东亚区域至今并未改变对外部市场依赖的局面。

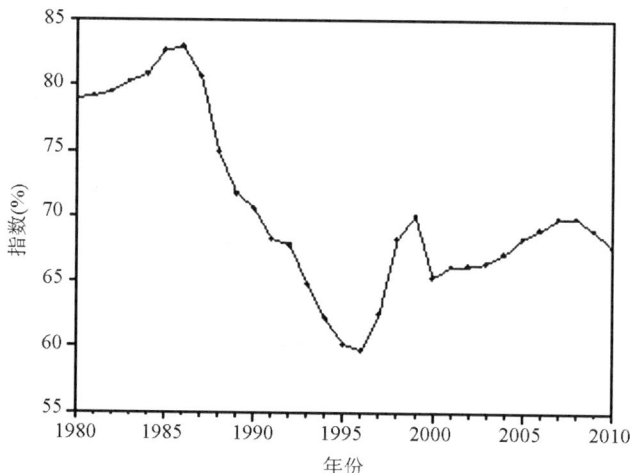

图 4-5 东亚区域对外部市场的依赖变化

数据来源:依据 RIETI-2011(日本产业经济研究所数据库)计算整理。

表 4-13 东亚区域对外部市场的依赖变化 （单位：%）

年份	1980	1981	1982	1983	1984	1985	1986	1987	1988	1989	1990
指数	78.98	79.14	79.49	80.27	80.84	82.57	82.94	80.65	74.85	71.71	70.57
年份	1991	1992	1993	1994	1995	1996	1997	1998	1999	2000	2001
指数	68.22	67.82	64.82	62.11	60.19	59.70	62.51	68.21	70.00	65.30	66.12
年份	2002	2003	2004	2005	2006	2007	2008	2009	2010	—	—
指数	66.17	66.39	67.10	68.27	68.98	69.80	69.87	68.92	67.69		

数据来源:依据 RIETI-2011(日本产业经济研究所数据库)计算整理。

注:表格中的指数是指东亚区域的最终产品需求对区域外市场的依赖程度指数。

(二)东亚区域内各成员对最终品需求的贡献率变化

如果以区域成员从区域进口最终品额占区域最终品总进口额的比重来表示东亚区域内各成员对最终产品需求的贡献率,则如表 4-14 所示,从 1980 年至今发生了较大变化。总体来看,中国大陆的贡献率一直增加,新加坡的贡献率一直在减少,而韩国、印度尼西亚、泰国、马来西亚的贡献率呈先减后增,日本、中国香港的贡献率呈先增后减,中国台湾和菲律宾则波动比较频繁。东亚区域内各成员（或地区）对最终产品的贡献率的名次也发生了很大变化：1980年，贡献率排名最高的前三位经济体分别为中国香港、日本和新加坡，2010年为中国大陆、日本和中国香港。

表 4-14　东亚区域内各成员对最终产品需求的贡献度变化　　（单位：%）

年份 经济体	1980	1990	1995	2000	2005	2010
中国大陆	—	8.0	6.6	7.1	17.8	23.3
日本	19.0	22.0	24.7	26.3	23.3	21.6
韩国	11.3	6.7	6.6	6.3	8.0	8.4
中国香港	26.3	31.7	31.6	29.7	23.8	19.5
印度尼西亚	8.7	3.2	2.0	1.3	1.6	4.4
中国台湾	—	6.3	5.7	9.9	6.9	5.9
菲律宾	3.3	1.4	1.6	1.5	1.1	1.6
泰国	3.4	4.2	4.5	2.9	4.3	4.5
马来西亚	10.0	4.8	5.3	3.8	4.1	4.5
新加坡	18.1	11.4	11.3	9.8	7.5	6.2

数据来源：依据 RIETI-2011（日本产业经济研究所数据库）数据计算所得。

（三）东亚区域内最终品需求结构的变化

根据联合国广义分类法（Broad Economic Catalogue，BEC），最终产品又可分为资本品和消费品两大类。研究东亚区域内最终产品需求结构即是指资本品和消费品的比重。如表 4-15 所示，其中消费品比重＝区域内消费品需求（进口）÷区域内最终产品总额需求（进口），资本品比重＝区域内资本品需求（进口）÷区域内最终产品总额需求（进口）。由表 4-15 可以看出，在 2000 年以前消费品比重超过资本品比重，2000 年基本持平，2000 年以后资本品比重超过消费品比重。并且 2000 年以后消费品的比重持续下降，资本品比重持续上升，到 2010 年为止，资本品需求已经占据了主要位置，几乎为消费品需求的两倍。由于资本品的作用是扩大再生产，因此，即使是从最终产品需求也可以看出，东亚区域内贸易是以生产为导向而不是消费为导向的。由此可以看出，与全球最终产品需求结构相比（依据同样数据来源计算为 1∶1），东亚区域的最终产品需求结构不合理,未来扩大该区域内的需求主要是应该扩大消费品需求。

表 4 - 15　东亚区域内最终产品需求结构变化

年　份 指标(%)	1980	1985	1990	1995	2000	2005	2010
消费品比重	56.0	53.6	56.5	55.0	48.8	40.8	38.4
资本品比重	44.0	46.4	43.5	45.0	51.2	59.2	61.6

数据来源:依据 RIETI - 2011(日本产业经济研究所数据库)数据计算所得。

(四)特征总结

从上述各种指标变化描述可以看出,近 30 多年来,东亚区域内最终产品需求呈现以下特征:

一是东亚区域最终品需求在全球地位上升。区域内最终产品贸易绝对额在不断增加,占世界最终品贸易份额也在增加,但占该区域内贸易份额先增后减。

二是区域内最终产品对区域外市场需求长期依赖,但其依赖程度在下降。

三是区域内各成员对最终产品需求的贡献度随时间变化明显,日本一直是重要最终品需求地,但其相对地位在下降,中国大陆迅速崛起,目前为东亚最终品需求最大经济体。

四是区域内最终品需求结构不合理,资本品需求比重过高,消费品需求比重过低。

二、外部市场依赖引发的不稳定性

东亚区区域对外部市场的依赖会引发该区域产品内分工体系的不稳定:一是垂直专业化分工使得分工体系下的每个经济体都暴露于外部冲击中,一旦外部最终产品市场需求有波动,就会带来整个分工体系中每个经济体的波动,这种外部市场波动引发的不稳定性是随机的;二是从长期对外部市场依赖的分工格局造成的结果来看,它会引起东亚产品内分工体系中的各经济体的贸易的结构性不平衡,也会造成各经济体的经济波动,影响分工体系的稳定性。以下从这两方面分别进行说明。

(一)外部市场需求随机波动引发不稳定

在东亚区域的垂直专业化分工体系中,外部市场需求的随机波动会影响到分工体系中的每一个成员。具体表现为：

一是当外部市场最终产品需求波动时,会导致每个经济体的进口与出口同方向发生波动。Yi KM(2009)指出在垂直专业化生产过程中,制造商出口一些使用进口中间投入品生产的产品,他把这种行为称为进口的中间产品联系(Imported Intermediate Goods Linkages)。进口的中间产品联系出现在制造商在生产过程中利用进口的中间投入品的任意时间。并且,进口的中间产品联系意味着一个国家或地区的进口和出口在回应国(或地区)内或者国(或地区)外的需求变化时方向是一致的。例如,美国对于汽车需求的下降会意味着从加拿大进口汽车的需求,因为加拿大的汽车是使用从美国进口的零部件(或投入品),加拿大汽车生产的下降会意味着更少的美国出口零部件给加拿大,这样,美国的进口和出口都下降了。这种情况在没有进口的中间产品联系时不会出现。

如表4-16所示,2008年东亚受全球金融危机的影响,欧美外部市场最终产品的需求减少,东亚各经济体受此影响在2009年进口和出口均有减少[①]。从变动金额来看:出口下跌金额最大的是中国大陆,其次是日本。出口减少金额最少的是越南。进口下跌金额最大的是日本,其次是中国大陆和韩国。进口减少金额最少的是菲律宾。从变动百分比来看,出口下降百分比最大的是中国香港,下降了30.29%,其次是菲律宾,为27.43%。与2008年相比,出口下降幅度最小的是越南,其次是中国大陆。进口下降百分比最大的是越南,达到91.90%,其次是日本。进口下降百分比最小的是中国大陆。

表4-16 2009年与2008年相比东亚各经济体进出口贸易下跌情况

经济体	出口变动金额(单位:亿美元)	出口变动百分比(%)	进口变动金额(单位:亿美元)	进口变动百分比(%)
中国大陆	-2580	-17.07	-1150.3	-11.71
日本	-2060	-26.24	-2063.3	-28.09
韩国	-726	-18.12	-1115.2	-26.17
中国香港	-203	-30.29	-446.62	-11.97

[①] 由于时滞效应,源于美国的2007年的金融危机对东亚经济体的影响主要体现在2009年,详细的月度数据资料见耿楠的论文《金融危机向东亚生产网络的传导:基于垂直专业化角度的解释》,《当代经济管理》2011年第3期,第83—84页。

续　表

经济体	出口变动金额（单位：亿美元）	出口变动百分比（%）	进口变动金额（单位：亿美元）	进口变动百分比（%）
新加坡	−522	−26.90	−701.92	−23.52
泰国	−316	−17.85	−438.8	−25.59
马来西亚	−496	−21.85	−232.77	−16.27
印度尼西亚	−314	−19.60	−323.17	−24.82
菲律宾	−190	−27.43	−140.56	−22.87
越南	−59.5	−9.20	−724.93	−91.90

数据来源：依据 RIETI-2011（日本产业经济研究所数据库）计算整理。

注：表格中的进出口变动金额为各经济体 2009 年进出口金额减去 2008 年金额，表格中的出口变动百分比为各经济体出口变动金额除以 2008 年出口总额，进口变动百分比为各经济体进口变动金额除以 2008 年进口总额。

　　2010 年，东亚区域外部需求市场逐渐恢复时，东亚各经济体的进出口贸易均有所反弹。如表 4-17 所示，在贸易反弹期间，从变动金额来看，出口反弹金额最大的是中国大陆，其次是日本；出口反弹金额最小的是中国香港，其次是越南。进口反弹金额最大的仍然是中国大陆，其次仍然是日本；进口反弹金额最小的是越南，其次是菲律宾。从变动百分比来看，出口反弹百分比最大的是菲律宾，其次是新加坡，出口反弹百分比最小的是中国香港；进口反弹百分比最大的是印度尼西亚，其次是中国大陆。进口反弹百分比最小的是越南，其次是日本。

　　综上所述，从变动金额来看，下跌期变动越大的经济体在反弹期恢复也越强劲。中国大陆、日本和韩国的进出口金额下跌幅度大，在恢复期反弹也大。

表 4-17　2010 年与 2009 年相比东亚各经济体进出口贸易反弹情况

经济体	出口变动金额（单位：亿美元）	出口变动百分比（%）	进口变动金额（单位：亿美元）	进口变动百分比（%）
中国大陆	3630	28.97	3450.9	39.78
日本	1760	30.37	1358.6	25.73
韩国	1030	31.48	1012.6	32.18
中国香港	90.5	19.38	866.4	26.38
新加坡	532	37.50	598.6	26.22

经济体	出口变动金额 （单位：亿美元）	出口变动 百分比（%）	进口变动金额 （单位：亿美元）	进口变动 百分比（%）
泰国	405	27.86	469.6	36.81
马来西亚	564	31.78	407	33.98
印度尼西亚	368	28.54	392.7	40.11
菲律宾	195	38.74	133.4	28.15
越南	155	26.33	15.7	24.64

数据来源：依据 RIETI－2011（日本产业经济研究所数据库）计算整理。

注：表格中的进出口变动金额为各经济体 2010 年进出口金额减去 2009 年金额,表格中的出口变动百分比为各经济体出口变动金额除以 2009 年出口总额,进口变动百分比为各经济体进口变动金额除以 2009 年进口总额。

二是当东亚区域外市场最终产品需求波动时,会导致东亚产品内分工体系各经济体的贸易均发生波动,并且是沿着国际或区域供应链向上游企业所在的经济体逐级放大,产生"牛鞭效应"。产品内垂直专业化分工意味着更多的跨境交易会在产品生产过程的不同阶段发生。如果这些阶段的替代弹性很低,一个经济体的生产受到的冲击会被迫迅速传递到其他生产阶段所在的经济体。如第三章所述,东亚区域的产品内分工体系在 20 世纪 90 年代开始,逐渐发生改变,形成了"新三角贸易"局势,即其他东亚经济体向中国大陆出口中间产品(日本主要生产核心零部件,韩国和东盟的柬埔寨、缅甸、老挝、越南、泰国生产一般零部件)、中国大陆向美国等发达国家或地区出口最终产品的"三角"。在"新三角贸易"模式中,中国大陆成了最大的最终产品加工组装地,充当了东亚区域对外出口最终产品的平台。因此,从宏观上来看,东亚产品内分工链条可以简单概括为：东亚其他经济体—中国大陆—欧美,为了检验在 2008 年全球金融危机中东亚区域产品内分工体中是否存在"牛鞭效应",接下来依据东亚产业经济所(RIETI－2011)数据库的数据,进行计算整理并分析。如表 4-18 所示,2008—2010 年,东亚区域各经济体经历了进出口贸易从下跌至恢复阶段：在 2008 年,遭受全球金融危机影响,欧美经济下滑,对最终产品的总需求减少,由于时滞效应,2009 年中国出口至美国和欧盟的最终产品大幅下降,出口至美国的最终产品从 2008 年的2330 亿美元减至 2150 美元,出口至欧盟 15 个经济体的最终产品从 2090 亿美元下降为 1880 美元。同时,中国大陆作为产品内分工链条的中间成员,从东亚区域进口的中间产品(包括零部件和加工品)也大幅下降。2010 年,欧美市场逐渐恢复,中国大陆出口至欧美的最终产品在 2009 年的基础上均有增加,而中国大陆从东亚区域进口的中间产品相应也有所增加。

从波动幅度(百分比)来看,如表 4-19 所示,在遭受金融危机期间,东亚区域外部市场最终产品需求下跌,中国大陆出口至美国的最终产品下降了7.9%,中国大陆出口至欧盟的最终产品下降了 9.9%,而中国大陆从东亚区域进口的中间产品下降了 13.9%,其中零部件进口下降了 13.9%,加工品下降了14%,可以看出,最终需求波动从欧美市场传递到东亚区域,沿着简单的产品内分工链条"欧美—中国大陆—东亚其他经济体"出现了逐级放大的现象,尤其是中国大陆从东亚其他经济体进口的中间产品波动幅度,几乎达到了出口至美国市场最终产品波动幅度的两倍,因此,从宏观上来看,出现了"牛鞭效应"。

表 4-18　2008—2010 年中国大陆最终产品与中间产品进出口贸易额　　(单位:亿美元)

年份　　　　贸易额	出口至美国	出口至欧盟 15 个经济体①	从东亚进口零部件	从东亚进口加工品	从东亚进口中间产品②
2008	2330	2090	1612.1	1579.0	3191.1
2009	2150	1880	1388.3	1357.9	2746.2
2010	2610	2260	1934.1	1779.3	3713.4

数据来源:依据 RIETI-2011(日本产业经济研究所数据库)计算整理。

表 4-19　金融危机期间中国大陆最终产品出口贸易与中间产品进口贸易变动

	出口至美国	出口至欧盟 15 个经济体	从东亚进口零部件	从东亚进口加工品	从东亚进口中间产品
变动百分比(%)	-7.9	-9.9	-13.9	-14.0	-13.9

数据来源:依据 RIETI-2011(日本产业经济研究所数据库)计算整理。

注:表格中国大陆出口至欧美的最终产品变动百分比=(2009 年中国大陆出口至欧美的最终产品-2008 年中国大陆出口至欧美的最终产品)÷2008 年中国大陆出口至欧美的最终产品×100%;中国大陆从东亚进口的中间产品变动百分比=(2009 年中国大陆从东亚进口的中间产品-2008 年中国大陆从东亚进口的中间产品)÷2008 年中国大陆从东亚进口的中间产品×100%。

---

①　这里欧盟 15 个经济体包括:英国、法国、德国、意大利、奥地利、比利时、卢森堡、丹麦、芬兰、希腊、爱尔兰、荷兰、葡萄牙、西班牙、瑞典。

②　依据国际贸易分类标准 BEC 分法,中间产品包括零部件(parts and components)和加工品(processed goods)。

而在金融危机的恢复期间,欧美经济有所恢复,总需求有所增加,对东亚区域的最终产品需求有所增加,此时,东亚区域的产品内分工体系出现末端最终需求增加的波动,如表 4-20 所示,这种波动传递到东亚区域也出现了逐级放大的"牛鞭效应":中国大陆出口至美国的最终产品增加了 21.5%,中国大陆出口至欧盟 15 个经济体的最终产品增加 20.5%,而中国大陆从东亚其他经济体进口的中间产品增加了 35.2%,其中零部件进口增加了 39.3%,加工品进口增加了 31.0%,可以看出,中间产品的波动超过了最终产品的波动,尤其是中间产品中的零部件反弹比加工品更强劲。

表 4-20　金融危机恢复期中国大陆最终产品出口贸易与中间产品进口贸易变动

	出口至美国	出口至欧盟 15 个经济体	从东亚进口零部件	从东亚进口加工品	从东亚进口中间产品
变动百分比(%)	21.5	20.5	39.3	31.0	35.2

数据来源:依据 RIETI-2011(日本产业经济研究所数据库)计算整理。

注:表格中中国大陆出口至欧美的最终产品变动百分比=(2010 年中国大陆出口至欧美的最终产品-2009 年中国大陆出口至欧美的最终产品)÷2009 年中国大陆出口至欧美的最终产品×100%;中国大陆从东亚进口的中间产品变动百分比=(2010 年中国大陆从东亚进口的中间产品-2009 年中国大陆从东亚进口的中间产品)÷2009 年中国大陆从东亚进口的中间产品×100%。

(二)贸易不平衡引发不稳定性

东亚产品内分工体系得以完成,是以高度的区域外市场需求依赖为条件的,也就是说分工的生产在区域内完成而消费主要在区域外进行。没有区域外部提供的消费市场,东亚产品内分工体系无法实现生产—消费循环。但正是这样的循环体制,导致东亚区域经济体的长期贸易不平衡,这种不平衡反过来又会影响各经济体的稳定发展,从而影响整个分工体系的不稳定性。

东亚区域的"新三角贸易"的产品内分工模式使得中国大陆长期对东亚其他经济体中间产品逆差而对美国最终产品顺差,如表 4-21 所示,2000—2010 年间,中国大陆对美最终产品顺差额不断增加(少数年份少量下降),同时,中国大陆对东亚其他经济体的中间产品逆差额也在不断增加。这导致了大范围的贸易结构性不平衡,成为全球经济失衡的重要原因。许多学者的研究证实了这一结论。柳剑平和孙云华(2006)从定性角度剖析了东亚产品内分工体系促使中国大陆与东亚其他经济体贸易逆差以及与美国顺差的机理,并且提出提高中国大陆分工地位和减少贸易不平衡的方案。卢万青(2009)则利用已有数据采用计量经济学方法对此问题进行分析,格兰杰因果检验表明东亚产品内分工引致中美贸易顺差。范爱军、刘馨遥(2010)则利用贸易数据进行分析发现中美顺差与中国大陆—东亚其他经济体逆差之间的贸易差额之间存在协整关系,并且是正相关。这种关系的存在是由东亚产品内分工模式中中国的地位决定的。杨丹、张宝仁(2012)通过定性分析发现东亚经济体和地区在向中国大陆转移产业的同时,将其对美国的出口转化成了中国大陆对美国的出口,计量检验结果也表明中国大陆与美国贸易顺差和中国大陆与东亚其他经济体的贸易逆差之间存在长期稳定的协整关系,并且在滞后期为 2、3 和 4 时,中国大陆与美国贸易顺差是中国大陆和东亚其他地区贸易逆差的格兰杰原因。

表 4 - 21   中国大陆对美国与对其他东亚经济体的贸易差额变动

(单位:亿美元)

年份	2000	2001	2002	2003	2004	2005	2006	2007	2008	2009	2010
对美国	731	724	913	1130	1430	1780	2020	2070	2100	1920	2330
对东亚	-140	-150	-230	-430	-560	-560	-600	-740	-660	-870	-1200

数据来源:依据 RIETI - 2011(日本产业经济研究所数据库)计算整理。

注:表格中"对美国"的数据指中国大陆与美国的最终产品贸易差额,为正值,表示顺差;"对东亚"的数据指中国大陆与东亚其他经济体之间的中间产品贸易差额,为负值,表示逆差。

这种贸易的结构性不平衡加剧了东亚区域分工体系的不稳定性:

第一,中国大陆同美国的贸易顺差,实际上代表整个东亚对美国的顺差。由于贸易基本采用美元结算,美元外汇储备大量增加。一方面会使巨额外汇储备面临美元贬值而造成损失的风险,还会有美元证券的信用风险。另一方面巨额外汇储备会形成外汇占款,增加本币流动性,造成通货膨胀压力,影响其经济稳定。

第二,对长期经常项目顺差的中国大陆而言,会造成人民币升值压力。一国(或地区)经常项目顺差是造成本币升值的重要因素。由于中国大陆对美长期大量顺差,美国为改变其巨额逆差局面,经常指责中国大陆操纵汇率,要求人民币汇率市场化,敦促人民币升值。而事实上,自 2005 年以来,人民币迫于压力在不断升值,这给外向型加工企业造成较大冲击,有一些企业甚至面临破产。而且由于长久以来依赖外部市场,从事低端组装工序,中国大陆外向企业技术进步困难,面临人民币升值,要承担巨大的结构调整成本。

第三,东亚地区的出口平台过渡集中,容易引发贸易摩擦,甚至政治摩擦,不具备可持续性,加剧分工体系的不稳定性。贸易摩擦中经常出现的是欧美国家的贸易保护主义措施。这种贸易保护措施,增加了垂直专业分工过程中的交易成本,反过来会损伤垂直专业化分工。

中国大陆作为最终产品的最大输出平台,成为东亚与其他地区贸易失衡的替罪羊。美国为促使贸易平衡,扩大国内就业,对中国大陆的保护主义不断升温。2008 年金融危机更是如此。欧洲各经济体则受金融危机和主权债务危机双重影响,为解决就业,也频繁采取保护主义措施。如表 4-22 所示,金融危机以后,东亚区域中,中国大陆作为出口平台所遭受的贸易保护措施是最多的,并且有不断上升的趋势。从贸易保护来源看,中国大陆面临的贸易保护措施主要来自美国,其次是欧盟。从贸易保护形式来看,中国大陆面临的贸易保护措施最主要的是反倾销的形式,与此同时,反补贴的形式也不断增加。中国大陆不仅面临来自最终产品市场的欧美各经济体的贸易保护主义,同时也面临来自东亚区域内部的经济体的贸易保护主义措施。同时,遭受贸易保护产品范围越来越广,贸易摩擦种类越来越多。一些歧视性的贸易保护手段如特保措施出现,中国大陆因为其"非市场经济制度"不断遭到特保措施的攻击。

表 4-22 东亚主要经济体遭受的贸易保护措施的数量 （单位：件）

被动经济体 发起经济体		中国大陆			韩 国			日 本		
		反倾销	反补贴	保障措施	反倾销	反补贴	保障措施	反倾销	反补贴	保障措施
美国	2007	2	3	0	4	0	0	3	0	0
	2008	129	26	0	7	2	0	2	0	0
	2009	172	30	5	0	0	0	0	0	0
	2010	245	0	0	4	0	0	3	0	0
欧盟	2007	1	0	0	1	0	0	1	0	0
	2008	61	0	0	2	0	0	0	0	0
	2009	65	2	0	5	0	0	1	0	0
	2010	73	3	0	2	0	0	0	0	0
世界	2007	8	42	0	20	0	0	17	0	0
	2008	430	36	12	41	2	1	16	0	0
	2009	520	37	69	41	0	8	15	0	3
	2010	536		21	35	0	0	16	0	0

数据来源：中国贸易救济信息网（http://www.cacs.gov.cn/）。

如上所述,中国大陆作为东亚的出口贸易平台,正在面临越来越大的出口压力,贸易环境的恶化不仅会对中国大陆的经济发展带来不利的影响,而且会引发整个东亚产品内分工体系的多米诺骨牌效应,使得整个东亚地区的经济发展不稳定。

本章小结

本章首先分从理论上分析了产品内分工体系稳定运行的条件,以及影响产品内分工体系稳定性的因素。然后抓住影响东亚产品内分工体系稳定性的两个因素来具体分析它们给东亚产品内分工体系带来的风险。

产品内分工体系的稳定性有两种含义:一是封闭系统下,分工体系的完整性、不断裂与有效运转;二是开放条件下,随着社会生产力水平的提高,分工体系中的企业与企业之间建立一种友好合作关系的动态平衡。理论上,影响产品内分工体系(或全球供应链)稳定性的因素来源于两方面:一种是内生因素,一种是外生因素。内生因素引起的不稳定性是由分工特征决定的,取决于垂直分工体系上的成员企业与企业之间的相互作用,外生因素引起的不稳定性是由成员企业间相互作用的外部环境决定的。

垂直专业化分工由于其分工特性,具有天然的不稳定性。从微观角度来看,垂直分工中上下游企业之间是一种串联关系,这种关系决定了整个分工体系的信息传递的总效率随着分工的深化而下降,系统的可靠性和稳定性也随之下降,并且在面临冲击时具有较强的脆弱性。从宏观角度来看,在跨国或跨地区产品内垂直专业化分工下,这些企业分布在不同的国家或地区,不同企业受到的影响会通过一国或地区的进出口部门从而影响到相关国家或地区的经济。当整个垂直分工体系不稳定时,这些节点企业所在的国家或地区的经济也会受到不同程度的干扰,也会面临波动。基于 Ariel Burstein 等(2008)的模型说明垂直专业化分工会加强经济体之间的经济周期协同关系。由此引出三个假说:两经济体之间垂直专业化水平越高,两经济体经济周期协同性越强;面临危机冲击时,一经济体参与国际或地区间垂直专业化生产程度越高,受冲击影响越大;面临外部冲击时,同一经济体内部垂直专业化水平越高的部门,受冲击影响也越大。实证分析支持第一和第三个假说,不完全支持第二个假说。

东亚区域长期以来对外部市场的最终产品需求高度依赖,这个特征也使东亚产品内分工体系面临风险。一是外部市场的依赖使得东亚产品内分工体系中的每个成员都暴露于外部冲击中。外部市场需求的随机波动会引起整个分工体系的波动,这种波动沿着分工下游向上游经济体呈逐渐放大态势,即"牛鞭效应"在宏观上的表现。二是导致东亚区域经济体的贸易不平衡,进而引发一系列的问题,影响分工体系的稳定性。

第五章

增强东亚产品内分工体系稳定性的方向选择

如前文所述,产品内分工体系是一种垂直专业化分工,由于其分工方式导致其具有天然的不稳定性。目前,关于垂直专业化分工引起的不稳定性的研究主要是从管理学角度进行,主要内容称为"供应链风险管理",包括供应链风险的识别、风险评估和风险管理预警、供应链风险规避等,这是从产品内分工的企业的微观角度去讨论如何规避或减少风险的。本书主要试图从宏观角度去研究产品内分工的企业所在的国家或地区如何规避或减少垂直专业化分工引起的经济的不稳定性。依据第四章的研究,东亚区域产品内分工体系的不稳定,一是由于垂直专业化分工本身的特性引起的,二是由于东亚区域最终产品对外部市场过度依赖造成的。因此,本章主要针对这两种原因引起的不稳定性提出未来增强东亚产品内分工体系稳定性的方向:一是扩大区域产业内水平分工;二是扩大区域内对最终产品的需求。

第一节　扩大东亚区域产业内水平分工

本节首先说明产品内分工与产业内分工的关系。关于该问题学术界是存在争议的。笔者认为产品内分工是产业内分工中的垂直产业内分工形式。根据统计测算,目前产品内分工(或者说产业内垂直分工)是东亚区域最主要的分工形式,这形成了整个东亚分工体系不稳定和经济不稳定性的根源。其次,依据控制论的原理说明扩大产业内水平分工对增强产品内分工体系乃至整个东亚分工体系稳定性的原理。然后依据影响产业内水平分工的因素，提出扩大东亚区域产业内水平分工的政策建议。

一、产品内分工与产业内分工的关系

到目前为止，国际或区域分工可以分为产业间分工、产业内水平分工和产业内垂直分工三种主要形式，这是国际或区域分工不断深入的表现。那么本书所指产品内分工与产业内分工到底是什么关系呢？目前，关于该问题存在争议。

贸易是分工的表现形式。传统的国际或区域分工与贸易理论针对的是制成品（即最终产品）的产业间分工与产业内分工：产业间分工与贸易是指发生于不同产业之间（或者称不同部门之间/不同行业之间）的制成品分工与贸易，例如发达经济体与发展中经济体之间的工业品与农产品分工与贸易。产业内分工与贸易则是指不同经济体之间在同一产业（也叫部门、行业）进行分工，其贸易表现形式为各国或地区间同类产品（为制成品）进出口的双向流动。依据产业内贸易的对象的区别，产业内贸易又分为水平产业内贸易和垂直产业内贸易。水平型产业内贸易的产品质量是相同的，但是在个体属性上如颜色、规格、售后等方面却有差别，因此这类产品在价格上是接近的，垂直型产业内贸易的贸易对象质量和属性都不同，因此价格有差异。传统的产业内贸易主要研究的是发展水平相近的发达经济体之间的贸易。不管怎样，此时产业内贸易对象是最终产品。

而产品内分工是基于同一最终产品的不同工序之间的分工，其贸易形式表现为零部件、半成品等中间产品贸易。那么这种分工与产业内分工是什么关系呢？不同学者的观点不一样。部分学者认为，产品内分工与贸易是垂直型产业内分工与贸易的拓展，并且已经成为垂直型产业内分工与贸易的主体。如日本学者 Mitsuyo Ando(2006)，国内学者刘钧霆(2008)、章丽群(2011)均持此类观点。另有学者则干脆将产品内分工与贸易等同于垂直产业内分工与贸易，如黄晶(2009)，朱至瑜(2008)，孙文远(2006)等。还有学者认为产业内贸易与产品内贸易无关，如国内学者卢峰(2004)。

笔者支持第一种观点，因为，从 G-L 的统计角度来讲，基于工序分工的产品内分工与贸易基本同属于同一个行业内部，属于产业内分工与贸易。因此，本书接下来对东亚的产业分工与贸易形态划分成三种：产业间贸易、产业内水平贸易、产业内垂直贸易。其中,产品内贸易属于产业内垂直贸易,并且是目前东亚产业内垂直贸易的最主要形式。但是,在统计上,我们较难区分传统的特征相似而质量不同的制成品产业内垂直贸易与 20 世纪 90 年代以后东亚快速发展的基于零部件等中间产品的产业内垂直贸易,因此,在这里忽略传统的制成品产业内垂直贸易,将统计上所有的产业内垂直贸易都看作是产品内分工导致的垂直产业内贸易。所以,在统计上,笔者将东亚的贸易形态划分为:产业间贸易、产业内水平贸易、产业内垂直贸易(即产品内贸易)。

如表 5-1 所示,笔者依据 Kandogan(2003)的方法测算了东亚区域 2000—2010 年间共 11 年的产业分工形态①。整体来看从 2000 年以后,东亚区域的产业分工以产业内贸易为主,基本为 80%左右,产业间贸易的比重远小于产业内贸易,基本为 20%左右。而在产业内贸易中,垂直型产业内贸易(产品内贸易)的比重高于水平产业内贸易,说明东亚区域是以垂直产业内贸易(或者说是垂直专业化贸易,又或者说是产品内贸易)为主的。从变化历史来看的,除受 2008 年金融危机影响,其他年份,垂直型产业内贸易的比重基本呈增加态势,这说明东亚区域的产业分工逐渐变得更加垂直专业化。

表 5-1　东亚区域内的产业分工形态变化

年份	INT/TT	IIT/TT	HIIT/TT	VIIT/TT
2000	0.209	0.791	0.367	0.424
2001	0.186	0.814	0.370	0.444
2002	0.181	0.819	0.363	0.455
2003	0.168	0.832	0.354	0.478

① 具体测算方法如下:

$$TT_i = \sum_p X_{ip} + \sum_p M_{ip} = X_i + M_i \tag{1}$$

$$IIT_i = TT_i - |X_i - M_i| \tag{2}$$

$$INT_i = TT_i - IIT_i \tag{3}$$

$$HIIT_i = \sum_p X_{ip} + \sum_p M_{ip} - \sum_p |X_{ip} - M_{ip}| \tag{4}$$

$$VIIT_i = IIT_i - HIIT_i \tag{5}$$

其中 i 代表产业,p 是产业目录下的产品;利用国际或区域贸易分类标准 SITC - Revision 3 的贸易分类方法下的贸易数据,其中 i 取一位数,p 取三位数。该方法见 Kandogan(2003)。

续　表

年份	INT/TT	IIT/TT	HIIT/TT	VIIT/TT
2004	0.174	0.826	0.352	0.474
2005	0.164	0.836	0.346	0.490
2006	0.187	0.813	0.343	0.470
2007	0.196	0.804	0.338	0.466
2008	0.208	0.792	0.332	0.460
2009	0.191	0.809	0.325	0.484
2010	0.181	0.819	0.311	0.508

数据来源：依据联合国 comtrade 网站（http：//comtrade. un. org/db/）的数据进行计算整理。

注：表格中 INT 表示产业间贸易，TT 表示总贸易额，IIT 表示产业内贸易额，HIIT 表示水平产业内贸易额，VIIT 表示垂直产业内贸易额（本处全看作产品内贸易额），并且 INT/TT＋HIIT/TT＋VIIT/TT＝1。

因此，从产业分工与贸易形态上来看，目前东亚区域以产业内分工与贸易为主，而产业内分工与贸易又以垂直型产业内贸易（垂直专业化贸易或产品内贸易）为主。这形成了整个东亚分工体系不稳定和经济不稳定性的根源。

二、水平分工提高产品内分工体系稳定性的原理

在第四章我们论述过垂直专业化分工之所以不稳定，是因为这种分工模式下生产运转信息的传递是通过上下游企业之间的串联关系来实现的。随着分工参与企业越来越多，链条越来越长，其系统的可靠性会不断降低，不稳定性会不断增强。如何解决这种分工形式带来的不稳定性？依据系统经济学的观点，这种不稳定性可以通过生物系统中采用的"可选择并联耦合"机制来解决（杨小凯，1984）。

在自然生物系统中，不同生物之间的分工合作关系不仅是一一对应的串联关系，还存在着"可选择并联耦合"合作关系，即每个个体生物还可与其他多种生物合作。一旦某一生物与另一生物单一串联合作效率低下，他们就可以各自转向其他对象。并联耦合机制就是把适当数量的并联耦合备用元件引进系统。在信息总输出时，只选择所有元件中效率最高的一个输出。这一点与一般并联耦合不同，一般的并联耦合系统的总输出为各元件输出之和。由于系统在输出

信息时会对并联的元件进行甄选,所以称之为可选择并联耦合。从经济学角度看,就是引入平等竞争机制。

引入可选择的并联耦合元件以后,信息的传递可靠性会大大增强。因为信息输入以后,在选择输出元件时,可选择机会较多,只要还有一个元件可选择,系统就仍可以运转,这是与串联关系下信息传递最大的区别。为详细说明此机制的运作效果,以下举例说明。

假设经济系统中有某个串联的模块,该模块内的并联的元件数为 m,并且假设并联的每个元件的平均可靠为 p,一共有 m 个这样的元件,则这个模块失效的概率为 $(1-p)^m$,这一个串联模块的稳定性为:$1-(1-p)^m$,由于 $0<p<1$,所以 $1-(1-p)^m>p$,也就是说并联耦合机制能提高系统的稳定性。并且,该模块内并联的元件数 m 越多,这个串联模块的稳定性(也叫可靠性)$1-(1-p)^m$ 就越高。

产品内分工的可选择并联耦合设计的关键就是使每个串联的工序生产的企业数增加,这样,即使分工链条加长,整个系统的可靠性和稳定性也不会降低。笔者将该系统设计用图形表示如图 5-1。假设某最终产品在进入消费市场之前需要经过 3 道工序的生产,第一道工序的生产企业有 n 个,第 2 道工序的生产有 M 个,第三道工序的生产企业有 N 个。结点 1、结点 2 代表逻辑选择算子。

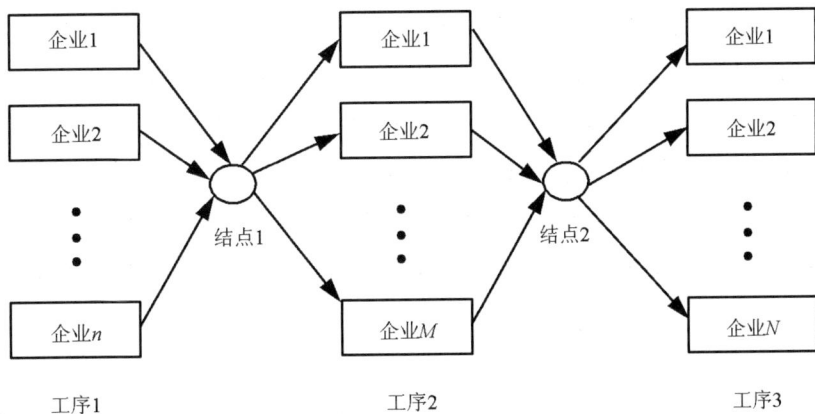

图 5-1 产品内分工的可选择并联耦合机制

第 1 道工序中的所有企业元件经过逻辑算子 1 检验挑选出效率最高(即成本最低或综合性能最好)的企业生产的中间产品(零部件)输出,再将其输入到下一个系统即工序 2 的企业模块;以此类推,第 2 道工序也经过同样的信息传递方法进入第 3 道工序。通过这种传递机制,整个系统的稳定性大大提高。具体而言,假设并联的每个企业的平均可靠性都为 p,则这三道工序组成的分工系统的稳定性(即可靠性)为:

$$[1-(1-p)^n][1-(1-p)^M][1-(1-p)^N] \qquad (5.1)$$

这比没有采用可选择并联耦合机制的分工体系的稳定性 $p \times p \times p$ 要大得多。

如图 5-1 所示,每个工序所在的经济体有多个企业参与同一个工序的生产,这些企业之间的关系在系统经济学中成为并联关系,在产业分工理论来看它们之间是水平分工的关系,不过是经济体以内的水平分工。因此,笔者提出提高产品内分工中每个工序所在经济体内部的水平分工对增强分工体系稳定性有重要作用。

虽然提高产品内分工中每个工序所在经济体内部的水平分工能增强分工体系稳定性,但由于每道工序都集中在某个经济体中生产,一旦这个经济体发生重大变故(政治风险或经济风险或自然灾害),整个产品内分工链条还是会发生断裂[1]。比如在东亚,日本作为高端零部件的供应商,具有较高的垄断地位。但日本是个地震多发国,每一次地震都会给汽车或电子行业供应链带来危机,2011 年的地震尤其如此,地震使所有港口被迫关闭,大量高科技企业也关闭,这使得下游生产商如中国大陆的中间投入品进口受到很大影响,甚至影响到全球供应链(龙江,2011)。

因此,从所有经济体所在区域全局稳定性来看,还应该扩大不同经济体之间工序层面的产业内水平分工,以分散风险,提高可靠性。与此同时,就东亚整个产业分工体系的稳定性来看,还应当扩大基于制成品层面的产业内水平分工。因为水平产业内贸易是"基于各经济体的相互需求,尤其是对同类差异化产品的而形成的以最终产品贸易为主的分工形态,它的生产工序相对集中,附加值生产链较短,承受外部冲击的能力较强"[2]。总之,无论是扩大工序层面还是制成品层面的产业内水平分工对东亚产品内分工体系乃至整个东亚产业分工体系都有重要意义。

---

[1] 理论上,如果将每道工序的并联企业分配在不同经济体进行生产,可以解决这个问题,但是,这样对于并联企业来说就无法形成规模经济(包括内部规模经济和外部规模经济),挤占利润空间。所以一般而言,这些并联企业在一个经济体可以形成产业集群,因此实际上采用更多的是这种形势。

[2] 陈建安:《东亚产业分工体系及其结构性不平衡》,《世界经济研究》2008 年第 4 期,第 77 页。

三、影响东亚区域产业内水平分工的因素

（一）产业内水平分工与贸易影响因素的相关研究

不同国家或地区之间产业内水平分工的理论可以分为两种，一种是同质产品的产业内分工与贸易理论；一种是水平差异化产品的产业内分工与贸易理论。同质产品的产业内分工理论的代表是 Brander 和 Krugman（1953）的相互倾销模型。相互倾销模型实际上是一种古诺寡头模型，能解释完全相同的寡头厂商之间相互销售同质产品的行为。Dixit、Stiglitz 和 Krugman（1979）则建立新张伯伦模型分析了水平差异化产品的产业内分工与贸易。张伯伦垄断竞争模型是在封闭经济条件下，而他们则将此条件放开，扩展到了开放经济条件下。模型结果说明产品的水平差异和规模经济是水平产业内贸易的原因。Lancaster（1980）的新侯泰宁模型也分析了水平差异化产品的产业内贸易。模型认为，开展贸易后，两个经济体生产的差异产品总数目会比封闭经济条件下两经济体生产的品种数目之和少，但每个经济体生产的差异化产品数目会比一国或地区封闭经济条件时多。每个厂商的平均成本和价格比贸易前会降低，因为生产的数量会比封闭经济条件下大。发生产业内贸易后，两经济体消费者福利都会增加，因为它降低了垄断程度，两个经济体的消费者也可选择更多的产品品种。

产业内水平分工的经验研究相对于理论研究比较滞后。早期的经验研究因为没有区分水平产业内贸易与垂直产业内贸易的，其研究结果与理论预期差异较大。直到 1995 年 Greenaway、Hine 和 Milner 率先利用价格区分水平产业内贸易和垂直产业内贸易。研究结果表明：产品的差异与水平产业内贸易正相关，跨境公司与水平产业内贸易显著的正相关，规模经济与水平产业内贸易有显著的正相关，市场结构与水平产业内贸易也显著负相关。此后，这种区分方法得到了广泛的应用，如 Lisbeth Hellvin（1996），Clark 和 Stanley（1999），Giuseppe Celi（1999），Crespo 和 Fontoura（2001），Fontagné 和 Freudenberg（2002）以及 Sharma（2002）等。

（二）影响东亚区域产业内水平分工的因素

基于已有的理论研究和经验研究，笔者认为主要有如下因素影响东亚区域产业内水平分工。

1. 国家或地区层面的因素

从国家或地区层面来看,由于产业内水平贸易属于经济体之间的贸易。因此,影响两个经济体之间总贸易流量的因素也应该影响水平产业内贸易。首先,根据贸易引力模型,影响东亚两个经济体产业内水平贸易的因素有:

（1）地理距离

在国际或区域贸易研究中,地理距离代表运输成本的大小,通常作为运输成本的代理变量,地理距离越远,运输成本越高,越不利于国际或区域贸易。因此,无论是垂直型还是水平型产品产业内贸易,地理距离对其均有负面影响。但在产业内贸易领域中,已有研究发现,与垂直型产业内贸易相比,地理距离对于水平型产业内贸易的负影响更大。因为同样是远距离了解产品的信息,标准化产品的信息很容易获得,而有水平差异化的产品则要花更高费用（Balassa 和 Bauwens,1987）。同时,对消费者而言,水平差异化产品之间替代性更大。再次,相邻的经济体之间通常文化传统、生活方式、需求结构比较相似,与远距离的国家或地区相比,更容易发生水平产业内贸易。

（2）市场规模

进行水平产业内贸易的两经济体市场规模越大,可以从两方面带来经济性,一是产生规模经济,二是可以满足消费者多样化需求（Krugman,1979；Lancaster,1950）。因此市场规模越大,越有利于两经济体开展水平产业内贸易。

（3）两经济体之间文化相似程度

民族文化对经济的影响是毋庸置疑的。两经济体之间文化相似度越大,越容易发生水平产业内贸易。Hofstede 用五个维度来衡量文化差异,分别是权力距离指数（Power Distance Index，PDI）、个人主义（Individualism，IDV）、女性气质（Masculinity，MAS）、不确定性规避指数（Uncertainty Avoidance Index，UAI）和长期取向文化（Long-Term Orientation，LTO）。东亚各经济体在地缘关系上相邻,文化风俗也相似,这是其水平产业内贸易的基础。

（4）人均收入差异

根据 Linder 的观点,两经济体之间对同类产品存在重叠需求是国际或区域贸易的基础,因此两经济体需求结构越相似,它们之间进出口商品结构就越相似,进行水平型产业内贸易就越多。需求结构指的是一经济体对某种产品的需求的质量或者档次,一经济体的需求结构取决于人均收入水平,人均收入水平越高,需求的产品的质量或档次越高。鉴于需求结构与人均收入水平之间的关系,笔者认为两经济体之间的人均收入差异越小越有利于进行水平型产业内贸易。

（5）区域经济一体化

区域经济一体化能降低两经济体之间的水平差异化产品关税壁垒和非关税壁垒,为水平产业内分工提供了便利,区域经济一体化对水平产业内贸易有正的影响。

2. 产业层面的因素

从产业层面来看影响东亚两经济体产业内水平贸易的因素主要有:

（1）产品差异

根据效用理论,消费者的需求偏好具有多样化特性。对于消费者来说,同一产业的差异化产品种类越多越好。但对于一个经济体来说不可能生产出全部种类的差异化产品,将全部种类分布在不同国家或地区进行然后再进行贸易—产业内贸易既满足了消费者多样化需要也能实现生产者的规模经济。一般进行实证研究时,产业内贸易的计量模型都会考虑到产品差异因素,具体选择衡量的指标不一,常用方法有国际或区域贸易标准分类法中 SITC 中的 4 位数分类产品种类数和 SITC 5 位数分类产品种类数。基于已有的研究结论笔者认为产品差异对东亚水平产业内贸易产生正影响。

（2）要素禀赋差异

包括资本、技术等要素禀赋差异。Helpman 和 Krugman(1985)的研究指出,由于经济体之间进行水平产业内贸易的产品是质量相同的差异化产品,其密集使用的生产要素是基本相同的,因此,两经济体之间的要素禀赋差异越小,越有利于双边的水平产业内贸易。

四、扩大东亚区域产业内水平分工的政策建议

根据上述影响因素分析,地理距离的减小(实际表现为物流费用的降低)、市场规模的扩大、文化相似性程度增加、人均收入差距减小、区域经济一体化程度加强、产品种类增加、要素禀赋差异减小等都有利于促进东亚经济体之间的水平产业内贸易。

但是,从现实来看,水平产业内分工是各国或各地区企业(包括跨境公司)在各经济体的政治经济环境下实现利润最大化的自由选择结果,作为各经济体的政

府,为了扩大东亚区域水平差异化产品的产业内分工,只能从经济政策环境上为各经济体之间的水平产业化分工提供便利,笔者认为主要是促进区域经济一体化发展尤其是促进经济发展水平相似的中国大陆与东盟经济体之间的水平产业内贸易。如表5-2所示,截至2011年,中国大陆与东亚的泰国、印度尼西亚、菲律宾、越南等经济体在经济发展水平上比较相似,并且在地理位置上也接近,商品需求相似性较大,具有发展水平差异化产业内贸易的潜力。虽然从历史来看,中国大陆与东亚经济体之间的水平产业内贸易较大的经济体并不是东盟经济体(如表5-3所示,日本、中国香港、韩国一直与中国大陆水平产业内贸易较大),但是东盟经济体与中国大陆的水平产业内贸易额增长的速度较快,截至2010年,中国大陆—新加坡的水平贸易产业内贸易额约为2000年的5倍,中国大陆—泰国的水平贸易产业内贸易额约为2000年的9倍,中国大陆—马来西亚水平贸易产业内贸易额为2000年的9倍多,中国大陆—印度尼西亚水平贸易产业内贸易额约为2000年的6倍,中国大陆—菲律宾水平贸易产业内贸易额为2000年的7倍多,增长幅度最大的是中国大陆与越南之间的水平产业内贸易,约为2000年的39倍。

表5-2　2011年东亚各经济体的人均GDP　　　　(单位:美元)

中国大陆	中国香港	印尼	日本	韩国	马来西亚	菲律宾	新加坡	泰国	越南
2639.5	37958.2	1207.0	39578.1	16684.2	5345.2	1413.4	33529.8	2699.1	757.4

数据来源:世界银行数据库,WDI指标。

注:数据是以2000年为基期的。

表5-3　中国大陆与东亚其他经济体之间历年水平产业内贸易额　(单位:亿美元)

年份	中国大陆与日本	中国大陆与韩国	中国大陆与中国香港	中国大陆与新加坡	中国大陆与泰国	中国大陆与马来西亚	中国大陆与印度尼西亚	中国大陆与菲律宾	中国大陆与越南
2000	263	112	172	57.2	22.8	23.6	15.4	10.5	1.67
2001	272	126	172	55.9	24.6	33	17.8	90.9	2.13
2002	304	153	198	69.1	30.8	54.7	19.7	11.5	3.48
2003	414	196	200	95.1	45.4	62.1	30.5	21	6.18
2004	553	289	205	129	63.8	85	38.2	34.9	7.76
2005	655	368	204	159	78.5	101	48.7	40	9.26

续　表

年份	中国大陆与日本	中国大陆与韩国	中国大陆与中国香港	中国大陆与新加坡	中国大陆与泰国	中国大陆与马来西亚	中国大陆与印度尼西亚	中国大陆与菲律宾	中国大陆与越南
2006	751	471	183	193	92.8	128	56.2	48.4	12.9
2007	865	601	200	223	116	152	61.8	58.3	19.6
2008	1000	730	179	234	134	179	64.6	68.4	29.7
2009	804	591	131	243	130	163	58.6	62	38.6
2010	1030	756	140	279	181	210	78.4	72.1	65.2

数据来源：依据联合国 comtrade 网站（http：//comtrade. un. org/db/）的原始数据采取 Kandogan(2003)的方法测算。

2010 年 1 月 1 日,中国—东盟自由贸易区已正式生效,此后,中国—东盟自由贸易发展较快,它为东亚区域产业内水平分工发展带来了新的契机。

第二节　扩大东亚区域内对最终产品的需求

一、扩大最终产品需求的重要性

（一）形成区域内的生产—消费循环,降低外部市场的干扰

一个区域如果能实现生产—消费的域内循环,可以改变对外部市场的依赖,有利于区域经济的健康和可持续发展。如第四章所述,东亚区域由于对外部市场最终产品需求的依赖,产品内分工体系中的每个经济体都随时暴露于外部经济随机波动的威胁下。不仅如此,长期的依赖导致各经济体的贸易结构性不平衡,为各经济体经济稳定发展留下隐患。如果能扩大东亚区域内部对最终产品的需求,尤其是增加各经济体之间的相互最终产品的需求,实现内部市场的生产—消费良性循环,就可以改变当前的不稳定局面,同时促进东亚区域经济的可持续发展。

当然,在经济全球化的当今世界,任何一个经济体都不是完全自给自足、与外界没有经济往来的,在利益驱动下,任何一个区域的经济也不可能实现完全的生产—消费循环,与外界总是有一定比例的贸易往来。只要这个区域的对外

经济依赖比例适宜，不影响区域经济的长期稳定发展，就是合理的[①]。

（二）主动适应外部市场环境的变化，降低外部市场的约束

东亚区域虽然长期以外部市场实现最终产品的消费，但是，"以欧美为主要市场的实物消费早在 20 世纪 90 年代就基本停滞"[②]。欧美等发达经济体在经历了工业化的高峰期以后，逐步进入后工业化社会发展阶段。后工业化社会的明显标志是产业结构的"虚化"，即实体经济相对下降，以金融为首的虚拟经济和其他服务经济相应迅速上升。这种经济结构的变化为东亚经济体留出了部分实体经济产品的市场。但是，在 2000 年以后，发达经济体工业相对下降的速度有不同程度的减缓甚至停滞。与此同时，服务业的比重增长速度也有所停滞。以美国为例，早在 2000 年开始，其私营服务业占 GDP 的比重连续出现零增长的现象。这一现象表明，美国服务业的增长能力可能出现衰竭，其增长停滞将抑制实物生产部门的下降进程，使美国经济结构进入相对稳定的阶段。因此，从未来发展趋势来看，美国消费结构的"固化"将是一个长期特征。这种"固化"，将极大地抑制东亚最终产品出口的扩张。东亚产品内分工体系即将面临外部市场的硬约束，应当主动做出调整。

如表 5 - 4、表 5 - 5、表 5 - 6 所示，笔者分三个表格对欧美的消费品支出历史变化进行了考察。表 5 - 4 是总的最终消费品支出变化历史，表 5 - 5 和表 5 - 6 则具体考察最终消费品中的政府消费支出和居民消费支出。总的来看，如表 5 - 4 所示（画成折线图如图 5 - 2 所示），在 20 世纪 80 年代到 90 年代，美国最终消费品支出增长率经历两次起伏，第一次增长率峰值为 5%，1983—1985 年持续为此增长率；第二次增长率峰值仍然为 5%，1998—2000 年持续为此增长率。如图 5 - 2 所示，自 2000 年以后，美国总的最终消费品支出增长率一直处于 3% 左右，2007 年爆发金融危机以后，一度变为负值，2010 年开始恢复，为 2%，但 2011 年又有所下降，为 1%。也就是说，美国的最终产品总支出增

---

① 一个区域经济对外依赖程度有多高是合理适宜的，这是无法给出的。从经济体整体的收益与成本角度看，对外部的依赖可以实现更多的利润，但也有一定的风险，当风险变成事实时（如 2008 年金融危机给东亚区域带来的经济损失），就会产生经济损失。经济体应该综合考虑风险与收益来选择一定的依赖比例。对于一个区域经济的对外依赖程度，比单个经济体更复杂，考虑的不仅是经济问题，还有政治问题等等多方面的因素，因此，对外依赖程度有多高是合适的，更加难以决定。但是，但从区域经济的稳定性来看，目前东亚区域对外部最终产品市场的依赖超过了 50%，这个比例是比较大的，笔者认为在未来应该逐渐减小。

② 赵江林：《转型与前景：东亚经济增长模式》，社会科学文献出版社 2010 年版，第 113 页。

长率在 2000 年以后金融危机之前基本处于停滞状态,金融危机以后也处于下滑状态。再来观察欧盟的表现,欧盟总的最终产品支出与变化与美国基本相似。从 20世纪 80 年代到 90 年代,其最终消费品增长率也经历了两次起伏,第一次的增长率峰值为 3%,从 1986 年至 1990 年一直维持此增长率,第二次增长率的峰值还是 3%,从 1998—2000 年一直维持此增长率。自 2000 年以后金融危机爆发之前,一直很稳定维持在 2%,金融危机以后,一度变为负值,2010 年有所恢复,但此后受金融危机的困扰,又处于下滑状态。因此,总体来看,欧美经济体的总最终消费支出早在 2000以后就基本处于增长停滞状态,甚至有所下滑。

表 5-4 欧美经济体总的最终消费品支出变化历史

年份		1980	1981	1982	1983	1984	1985	1986	1987	1988	1989	1990
年增长率(%)	美国	0	2	1	5	5	5	4	3	4	3	2
	欧盟	2	1	1	2	2	2	3	3	3	3	3
年份		1991	1992	1993	1994	1995	1996	1997	1998	1999	2000	2001
年增长率(%)	美国	0	3	3	3	2	3	3	5	5	5	3
	欧盟	2	2	0	2	2	2	2	3	3	3	2
年份		2002	2003	2004	2005	2006	2007	2008	2009	2010	2011	2012
年增长率(%)	美国	3	3	3	3	3	2	0	−1	2	1	—
	欧盟	2	2	2	2	2	2	1	−1	1	0	—

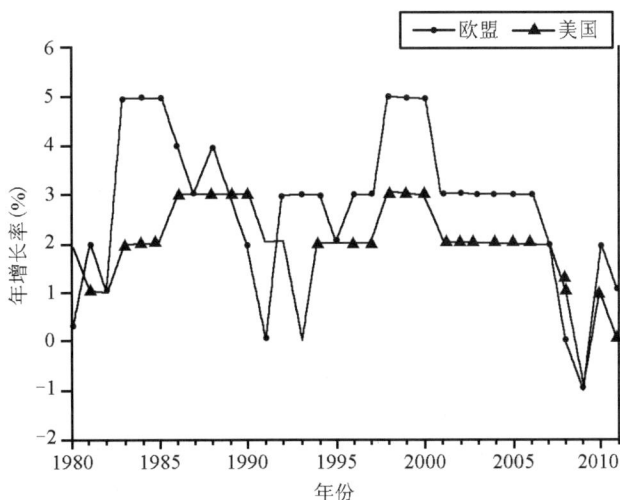

图 5-2 欧美总的最终消费支出变化历史

再从政府一般最终消费支出来看。如表 5-5 和图 5-3 所示,从政府一般消费支出来看,美国政府一般最终消费支出增长率从 1981 年开始上升,到 1985 年达到最大值,为 6%,持续两年,1987 年开始下滑,1993 年达最小值,为 −1%,此后逐渐恢复,2002 年达到新的最大值,为 5%,此后又逐渐下滑,在金融危机期间有所恢复,2009 年支出增长率达到新的最大值,为 4%。但从 2010 年开始,政府的一般最终消费支出又开始直线下滑,2011 年达到从 1980 年以来的最低增长率,为 −3%。欧盟的政府一般最终消费支出在 1999 年以前,其增长率经历了多次起伏,但变化幅度不大,最高值为 4%,最低值为 1%,从 1999 年开始,其增长率连续 10 年维持在 2%,金融危机期间有所上升,2009 为 3%,金融危机之后直线下滑。总的来看,在金融危机期间,美国和欧盟的政府一般最终消费支出增长率都有所增加,但此后又直线下滑。

表 5-5 欧美经济体一般政府最终消费支出[①]变化历史

年份		1980	1981	1982	1983	1984	1985	1986	1987	1988	1989	1990
年增长率(%)	美国	2	1	3	3	3	6	6	3	2	2	2
	欧盟	4	4	2	2	1	2	2	3	2	1	3
年份		1991	1992	1993	1994	1995	1996	1997	1998	1999	2000	2001
年增长率(%)	美国	1	0	−1	0	0	0	1	2	3	2	4
	欧盟	3	3	1	1	1	2	1	1	2	2	2
年份		2002	2003	2004	2005	2006	2007	2008	2009	2010	2011	2012
年增长率(%)	美国	5	2	2	1	1	1	3	4	1	−3	—
	欧盟	2	2	2	2	2	2	2	3	1	0	—

---

① 一般政府最终消费支出:general government final consumption expenditure,以前称为一般政府消费,包括政府为购买货物和服务(包括雇员薪酬)而发生的所有经常性支出。还包括国防和国家安全方面的大部分支出,但不包括政府军费支出,该项支出属于政府资本形成(定义来源于世界银行数据库网站:http://data.worldbank.org.cn/indicator/NE.CON.GOVT.KN)。

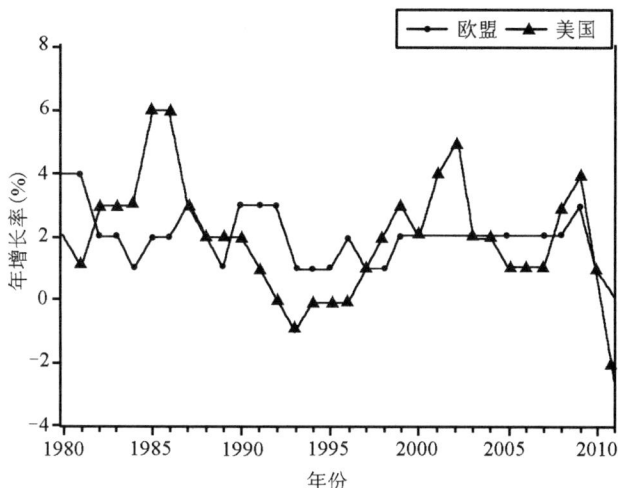

图 5-3　欧美政府一般最终消费支出变化历史

　　从居民最终消费支出来看,如表 5-6 和图 5-4 所示,美国居民最终消费支出增长率在 1999 年之前经历多次变化,期间 1983 年达最大值为 6%;此后逐渐下滑,到 1991 年为最小值,为 0;在整个 20 世纪 90 年代基本稳定为 4%左右,1999 年又达到最大值 6%;此后开始下滑,金融危机之前连续 6 年一直维持在 3%;金融危机期间下滑,2009 年最小,为－2%;2010 年恢复为 2%,此后基本维持不变。欧盟的居民最终消费支出增长率总体来看大部分年份比美国小(从图 5-4 可以看出,欧盟的曲线大部分位于美国的下方),欧盟的居民最终消费支出增长率在 1998 年以前,有多次起伏,1981—1986 年间不断增加,增至 4%;从 1990 年开始增长率下滑,到 1993 年最小,为－1%;此后又恢复为 2%,并且持续 4 年不变;1998—2000 年间持续为 3%,此后又开始下滑;2004—2007 年间稳定为 2%,受金融危机的影响,居民最终消费支出大幅下滑,2009 年最小,为－1%;2010 年有所恢复,但 2011 年又开始下滑,为 0。

　　综上所述,从总的最终消费支出来看,2000 年以后,欧美经济体的增长基本停滞,甚至有下滑趋势,金融危机期间大幅下滑,危机之后有所恢复,但 2011年又开始下滑,前景不容乐观。与一般政府最终消费支出相比,2000 以后,欧美居民最终消费支出增长率下降幅度更大。

表 5 - 6　欧美经济体居民最终消费支出变化历史

年份		1980	1981	1982	1983	1984	1985	1986	1987	1988	1989	1990
年增长率(%)	美国	0	2	1	6	5	5	4	3	4	3	2
	欧盟	2	0	1	1	1	2	4	4	3	4	3
年份		1991	1992	1993	1994	1995	1996	1997	1998	1999	2000	2001
年增长率(%)	美国	0	4	4	4	3	4	4	5	6	5	3
	欧盟	3	2	−1	2	2	2	2	3	3	3	2
年份		2002	2003	2004	2005	2006	2007	2008	2009	2010	2011	2012
年增长率(%)	美国	3	3	3	3	3	2	−1	−2	2	2	—
	欧盟	1	1	2	2	2	2	0	−1	1	0	—

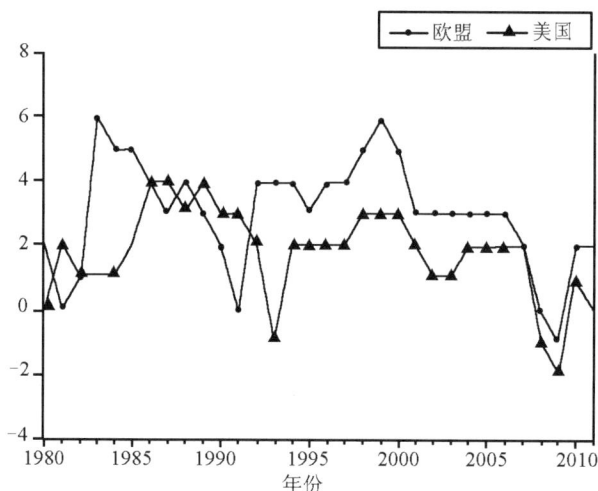

图 5 - 4　欧美居民最终消费支出增长率

　　从以上分析可以看出,欧美发达经济体市场消费增长已经在较长时期陷入停滞,东亚制造业若一直扩大,对发达经济体市场的出口就可能大大超过其市场需求。因此,从未来东亚区域产品内分工体系乃至全区域产业分工体系稳定性角度来看,东亚区域应当主动适应外部环境变化,主动做出调整,扩大区域内部的最终产品需求,降低因最终产品供过于求带来的损失。

二、东亚区域内最终产品需求的影响因素分析

　　目前为止,关于东亚区域内产品需求的研究主要是采用实证分析方法探讨

区域内部各经济体之间产品需求的影响因素,针对的是东亚区域内的包括初级产品、中间产品和最终产品的全部产品贸易,极少专门研究影响东亚区域内最终产品贸易需求的影响因素。实证分析方法大部分是采取引力模型运用面板数据进行分析,除了关注传统的引力模型中的 GDP、人口、距离等因素外,逐渐增加了其他变量。如 Filippini 和 Molini(2003)在考察传统变量基础上,重点研究了技术差距变量对东亚区域贸易流入的影响。结论表明在东亚某一经济体与其他经济体之间技术差距越大进口需求越大,因为技术差距越大会促进技术落后经济体对资本品的进口。Jugurnath,Stewart 和 Brooks(2007)运用 1980 至 2000 年的数据重点考察了 5 种不同的区域贸易协定(Regional Trade Agreement,即 RTA)对亚太地区 26 个国家或地区贸易的影响。结论表明,RTA 的具体类型不同对贸易影响差异较大:ASEAN、CER 对贸易创造效应较大,而 APEC、MERCOSUR 和 NAFTA 对贸易的转移效应较大。Mölders,Berlin 等(2011)的研究更加具体,考察了 FTA(Free Trade Agreement,自由贸易协定)对东亚区域内贸易的影响,结论表明东亚区域内双边 FTA 带来的预期效应超过了实际执行效应,并且由于双边协定执行起来更现实,它比多边协定的预期效应更大。汇率波动也会影响贸易需求,Hayakawa 和 Kimura(2009)的研究发现东亚区域内贸易受汇率波动的负面影响高于欧洲、拉美、非洲等区域。原因是东亚区域内主要是中间产品贸易,中间产品贸易相对于其他类型的贸易对汇率波动反应更加明显。并且,在东亚区域汇率波动对贸易的负面影响大于关税带来的影响,同时小于距离因素带来的负面影响。Kimura,Takahashi 和 Hayakawa(2007)则专门针对东亚的零部件贸易影响因素进行研究,发现人均收入差距对东亚区域内零部件贸易产生正影响,但在欧洲区域其影响却是负的。以上研究均未区别考虑中间产品和最终产品需求的影响因素。Thorbecke(2010)关注到了该问题,他认为,在东亚区域中间产品的进口和资本品进口是为了再出口,这样就无法准确估计汇率变动对产品需求的影响,因为汇率升值在减少东亚经济体出口同时也减少了这些经济体对生产这些出口最终品的投入品的进口需求。因此,他运用面板数据估计了东亚区域的消费品进口需求方程,进口需求数据既包括了东亚区域内经济体互相的进口数据,也包括东亚区域内经济体从区域外经济体的进口数据。研究表明货币升值和收入增加能显著增加东亚经济体对消费品的进口。国内学者的研究也基本上对中间产品和最终产品不加以区分,只是各自考察解释变量不一样。如樊辉(2005)考察了 FDI 解释变量,吴丹(2008)重点考察了制度变量和区域性经济组织解释变量,葛飞秀(2011)考察了汇率波动解释变量。研究表明进出口地良好的制度、参与区域性经济组织、增加 FDI 均会促进相互贸易需求,而汇率波动会阻碍东亚经济体在区域内相互贸易。

因此,本章接下来利用计量模型从定量角度研究影响东亚区域内的最终产品需求的因素,以期为如何扩大东亚区域内最终产品贸易提供意见和建议。

(一)模型描述

1. 模型具体形式选择及变量含义

本书采用引力模型研究东亚区域内最终产品需求的影响因素。最基本的国际或区域贸易引力模型的一般表达式为:

$$X_{ij} = A(Y_i Y_j)/D_{ij} \tag{5.2}$$

式中,X_{ij} 表示经济体 i(出口地)对经济体 j(进口地)的出口;A 是常数项;Y_i 表示经济体 i 的 GDP,Y_j 表示经济体 j 的 GDP;D_{ij} 表示经济体 i 和经济体 j 的地理距离。

在正式进行计量检验时,为防止数据序列的不稳定性和异方差,通常我们将式(5.2)取对数进行模型估计。这样,对于估计的结果中各变量之间的关系进行经济学意义的解释更加简单,同时也表明各因素之间是非线性关系,这符合现实生活的特征。

根据本部分的研究目的,在式(5.2)的基础上,笔者引入了一些新的解释变量最终确定模型的估计方程:

$$\ln T_{ijt} = \alpha_0 + \alpha_1 \ln(\text{GDP}_{it} \times \text{GDP}_{jt}) + \alpha_2 \ln(\text{POP}_{it} \times \text{POP}_{jt}) + \alpha_3 \ln S_{ijt}$$
$$+ \alpha_4 \ln \text{DIST}_{ijt} + \alpha_5 \text{CRIS1}_t + \alpha_6 \text{CRIS2}_t + \alpha_7 \text{RTA}_t + \mu_{ijt} \tag{5.3}$$

式中,T_{ijt} 代表 t 年 i 经济体和 j 经济体双边最终产品进口贸易总额,GDP_{it} 代表 t 年 i 经济体的国(或区域)内生产总值,GDP_{jt} 代表 t 年 j 经济体的国(或区域)内生产总值;POP_{it} 代表 t 年 i 经济体的人口,POP_{jt} 代表 t 年 j 经济体的人口,S_{ijt} 代表 t 年 i 经济体与 j 经济体的人均 GDP 差额的绝对值;DIST_{ijt} 代表 t 年 i 经济体与 j 经济体的地理距离;CRIS1$_t$ 和 CRIS1$_t$ 都是表示金融危机的虚拟变量,前者表示 t 年是否遭遇东南亚金融危机,后者表示 t 年是否遭遇次贷危机,是则变量取值为 1,否则为 0。RTA$_t$(Regional Trade Agreement)也是虚拟变量,表示区域性贸易协定,在 WTO 文件中它包括 FTA(Free Trade Agreement,自由贸易协定)、PTA(Preferential Trade Agreement,优惠贸易协定)、PSA(Partial Scope Agreement,局部范围协定）、EIA（Economic Integrated Agreement，经济一体化协定）和 AFTA（ASEAN Free Trade Area，东盟自由贸易区）等组织，不包括 APEC 和 WTO 组织。t 年 i 经济体和 j 经济体参与同一 RTA 组织，该变量取值为 1，否则为 0。μ_{ijt} 表示随机干扰项。关于解释变量的含义、预期符号及理论说明参见表 5-5。

表 5-5　解释变量的含义、预期符号及理论说明

解释变量	含义	预期符号	理论说明
$GDP_{it} \times GDP_{jt}$	t 年 i 经济体与 j 经济体国（或区域）内生产总值乘积	+	反映了两进口地对最终产品的需求能力，经济规模总量越大，潜在需求能力越大，双边需求量越大
$POP_{it} \times POP_{jt}$	t 年 i 经济体与 j 经济体人口乘积	不确定	反映了两进口地国（或区域）内市场规模的大小，进口地相对较大的人口规模可能导致该经济体国（或区域）内生产替代国（或区域）外产品，从而减少对国（或区域）外产品的进口需求；但另一方面，进口地人口越多，随着收入水平的增加进口需求能力会越大，从而增加对国（或区域）外最终产品的需求
S_{ijt}	t 年 i 经济体与 j 经济体人均 GDP 之差的绝对值	不确定	有两种不同的理论解释：一是比较优势理论，认为该值越大，两经济体贸易互补性越大，相互之间产品需求量越大；二是需求相似理论，认为该值代表双方需求水平的接近程度，从而反映所谓的"林德尔效应"，即是否有重叠的代表性需求，在一定程度上说明了两经济体的产业内贸易状况；该值越小说明代表性需求越容易发生重叠，于是产业内贸易产生的可能性越大
$DIST_{ijt}$	t 年 i 经济体与 j 经济体之间的绝对距离	—	通常代表运输成本的高低，从而成为阻碍贸易的重要因素
$CRIS1_t$	虚拟变量，1998 年取值为 1，否则为 0	—	金融危机通过影响汇率、影响国民收入等会阻碍贸易流量
$CRIS2_t$	虚拟变量，2008 年取值为 1，否则为 0	+	次贷危机导致欧美外部市场最终产品需求锐减，各经济体转而刺激东亚区域内需求市场，从而促使区域内最终产品需求增加
RTA_t	虚拟变量，t 年 i 经济体和 j 经济体参与同一区域贸易组织取值为 1，否则为 0	+	反映进口地的贸易壁垒程度，存在区域贸易协定时，进口地针对出口地的关税水平越低，贸易壁垒对进口造成的阻碍越小，进口额越大

（二）实证分析

1. 样本、数据来源及说明

在充分考虑数据可得性前提下，本书利用 1991—2010 年间东亚区域内 10 个经济体之间的双边最终产品进口需求为基础建立引力模型。这 10 经济体分别是中国大陆、日本、韩国、中国香港、中国台湾、印度尼西亚、菲律宾、泰国、马来西亚、新加坡。实际观察样本容量为 900 个。东亚区域内各经济体之间最终产品贸易额来源于日本产业经济研究所数据库（RIETI - 2011）。各经济体 GDP 数据是以 2005 年为基期、以 2005 年汇率为基准、以美元表示的实际 GDP，数据来源于联合国贸促会数据库（UNCTADstat）。人均 GDP 数据也是以 2005 年为基期、以 2005 年汇率为基准、以美元表示的实际人均 GDP，数据来源与 GDP 相同。各经济体历年人口数据来源也与 GDP 相同。双边 RTA 虚拟变量根据世界贸易组织的 RTA 数据库进行判断。

需要特别说明的是与金融危机相关的两个虚拟变量。之所以将两次金融危机区别开来，是因为两次金融危机的性质不一样，对东亚区域的影响也不一样。其中 1997 年开始至 1998 年全面爆发的东南亚金融危机是东亚区域性危机，是货币危机，主要表现为汇率的剧烈波动，对区域内最终产品需求会带来负面影响。而 2007 年开始至 2008 年全面爆发的全球金融危机是从东亚区域外开始的，是系统性危机，严重影响东亚区域外市场需求，各经济体转而谋求区域内部市场，使得区域内对最终产品需求增加。在取值的时候，也考虑到金融危机对经济的充分影响，1997 年开始的东南亚金融危机，1998 年全面爆发，影响最大，所以对于 CRIS1，变量 1998 年赋值为 1，其他年份赋值为 0；2007 年开始的次贷危机，2008 年对东亚区域影响最大，所以对于 CRIS2，变量 2008 年赋值为 1，其他年份赋值为 0。

应该说关税变量对最终产品需求也有很大影响，但各数据库关于关税的数据不全，尤其是针对最终产品的关税数据更是无法获得，因此本书没有考虑关税这一重要变量，只是采取区域贸易协定作为虚拟变量尽量缺少这一情况带来的损失。

2. 面板数据单位根检验

与时间序列一样，面板数据序列也存在数据非平稳的问题，如果不进行单位根检验，可能会造成伪回归。面板数据的单位根检验有相同根情形和不同根情形。Eviews6.0 提供了面板数据的 6 种单位根检验方法,笔者采取假设各截面自回归系数相同的单位根检验方法中的 LLC(Levin-Lin-Chu)方法对各序列进行单位根检验。运用 Eviews6.0 对序列 lnT、lnGDP(表示两经济体的实际GDP 的乘积的对数序列)、lnPOP(表示两经济体的人口的乘积的对数序列)、lnS 进行 LLC 单位根(距离变量是恒定变量,与虚拟变量一样均不适合进行单位根检验),检验结果如表 5-6 所示。由检验结果可知,这四个序列均为平稳序列,这些变量进行回归分析不会产生伪回归问题。

表 5-6　面板数据单位根检验(LLC 检验)

变量	检验类型(C,T,L)	检验统计量	Prob 值	结论
lnT	(C,T,M)	-4.11486^{***}	0.0000	平稳
lnGDP	(C,0,M)	-8.66995^{***}	0.0000	平稳
lnPOP	(C,0,1)	-4.45847^{***}	0.0000	平稳
lnS	(C,0,M)	-3.68863^{***}	0.0001	平稳

注:表中检验类型(C,T,L)分别表示检验方程的常数项、时间趋势项和滞后阶数。滞后阶数为 M 表示按照 Schwarz 准则自动选取最大滞后值。*** 表示在 1% 显著性水平上拒绝原假设。

3. 面板模型形式选择及回归结果

根据对截距项和解释变量系数的不同限制,面板数据模型可以分为混合估计模型、固定效应模型和随机效应模型三种。混合估计模型假定无个体效应,即个体截距项相同,同时系数不变,因此也称为无个体影响的不变系数模型。混合估计模型假定截距项和解释变量的系数对每个截面成员都是一样的;固定效应模型假定解释变量的系数对每个截面成员都一样,但截距项对每个截面成员不一样;随机效应模型在固定效应模型基础上假定与个体相关的误差项为随机的,即解释变量的系数和截距项对每个截面成员都不一样。一般判断混合估计模型还是固定效应模型用 F 检验,判断固定效应模型还是随机效应模型采用 Hausman 检验。本研究 F 检验的结果是样本数据均在1% 的显著性水平上拒绝原假设,因此不能选择混合模型来估计样本数据。由于模型中有虚拟变量作为解释变量,使得 Hausman 检验无效。同时由于距离变量不随时间变化而变化,无法采用固定效应模型。所以,本研究选择随机影响变截距模型进行估计。运用 Eviews6.0 软件运行结果如表 5-7 所示。为了便于比较和分析,同时将最终产品分成了消费品和资本品分别作了回归,结果一并在表 5 - 7 中列出。

表 5 - 7   随机效应变截距模型估计结果

变量	回归系数			t 值			Prob 值		
	(1)	(2)	(3)	(1)	(2)	(3)	(1)	(2)	(3)
常数项	21.0189	22.9881	17.4223	22.69	21.86	16.83	0.0000	0.0000	0.0000
$\ln(GDP_{it} \times GDP_{jt})$	0.5868	0.5006	0.6543	20.66	15.87	20.58	0.0000	0.0000	0.0000
$\ln(POP_{it} \times POP_{jt})$	−0.7847	−0.6978	−0.8378	−17.97	−14.09	−17.54	0.0000	0.0000	0.0000
$\ln(S_{ijt})$	0.1693	0.1078	0.2204	5.42	3.42	5.88	0.0000	0.0006	0.0000
$\ln(DIST_{ijt})$	−0.5801	−0.6866	−0.4766	−6.25	−6.08	−4.91	0.0000	0.0000	0.0000
$CRISIS1_t$	−0.0951	−0.0958	−0.1183	−1.31	−1.37	−1.29	0.1911	0.1712	0.1965
$CRISIS2_t$	0.2845	0.2401	0.3530	3.93	3.44	3.88	0.0001	0.0006	0.0001
RTA_t	0.6672	0.4753	0.7916	11.13	8.02	10.74	0.0000	0.0000	0.0000

注:表格中的“(1)”代表被解释变量为双边最终产品进口总额,“(2)”代表被解释变量为双边消费品进口总额,“(3)”代表被解释变量为双边资本品进口总额。

根据表 5 - 7 可以写出如下三个回归结果方程:

$$\ln T_{ijt} = 21.0189 + 0.5868\ln(GDP_{it} \times GDP_{jt}) - 0.7847\ln(POP_{it} \times POP_{jt})$$
$$+ 0.1693\ln S_{ijt} - 0.5801\ln DIST_{ijt} - 0.0951GRIS1_t + 0.2845CRIS2_t$$
$$+ 0.6672RTA_t + \mu_{ijt} \tag{5.4}$$

$$\ln(CONSUMPTION_{ijt}) = 22.9881 + 0.5006\ln(GDP_{it} \times GDP_{jt})$$
$$- 0.6978\ln(POP_{it} \times POP_{jt}) + 0.1078\ln S_{ijt}$$
$$- 0.6866\ln DIST_{ijt} - 0.0958CRIS1_t$$
$$+ 0.2401CRIS2_t + 0.4753RTA_t + \mu_{ijt} \tag{5.5}$$

$$\ln(CAPITAL_{ijt}) = 17.4223 + 0.6543\ln(GDP_{it} \times GDP_{jt})$$
$$- 0.8378\ln(POP_{it} \times POP_{jt}) + 0.2204\ln S_{ijt} - 0.4766\ln DIST_{ijt}$$
$$- 0.1183CRIS1_t + 0.3530CRIS2_t + 0.7916RTA_t + \mu_{ijt}$$
$$\tag{5.6}$$

4. 回归结果分析

由表 5 - 7 可知,所有解释变量的回归系数符号均与预期相符,三个方程中

除了解释变量 $CRISIS_1$ 没有通过显著性检验,其他解释变量均通过 1% 的显著性检验,即非常显著。同时三个方程均通过显著性水平为 1% 的 F 检验,即每个方程整体上均通过显著性检验,方程设定合适。

1997 年爆发的东亚金融危机是货币性危机,主要表现为汇率的剧烈波动。研究结果表明这次金融危机对东亚区域内最终产品贸易需求造成负面影响,但影响不显著。这可能是因为本书运用的是东亚区域内双边最终产品贸易作为被解释变量,金融危机期间汇率波动表现的是东亚各经济体货币对美元汇率波动剧烈,但东亚内部经济体双边汇率波动不大,因此影响不显著。

从方程(5.4)可以看出,对东亚区域内双边最终产品需求的影响因素中,起到促进作用的因素有区域性贸易协定(RTA)、经济总量(双边 GDP 乘积)、2008 年金融危机($CRISIS_2$)和人均 GDP 差额绝对值。区域性贸易协定对于最终产品贸易需求影响很显著,这说明在东亚形成区域性贸易协定对于形成区域性内需市场是很有效的。经济总量对于最终品贸易需求影响也较大,它对最终产品贸易的弹性系数达 0.5868,说明双边 GDP 乘积每上升 1%,最终产品需求会上升 0.5868%。2008 年金融危机对区域内最终产品的影响与预期相符,说明 2008 年金融危机使得区域外市场需求明显转向区域内。人均 GDP 差额绝对值对区域内最终产品影响为正,这说明东亚区域内最终产品需求符合比较优势理论,两经济体人均 GDP 差异越大,各自分工后互通有无的贸易量越大,与 Montenegro 和 Soto(1996)研究结论相同。而对区域内最终产品需求起阻碍作用的因素依次为人口规模、地理距离和 1997 年金融危机。其中 1997 年金融危机的影响不显著,原因以上已经说明。双边人口规模对于区域内最终产品的负影响很显著,说明在东亚区域经济体人口越多,其国(或区域)内生产规模越大,对国(或区域)内产品需求越多,对外部市场产品的需求就越少;并且,这种负影响超过了人口规模变大所带来的经济总量变大从而对外部市场需求增大的正效应。这说明单凭人口规模不能判断一个经济体的需求潜力。地理距离的负影响也很显著,双边地理距离每降低 1%,东亚区域内最终产品需求会增加 0.5801%。由于地理距离代表的是运输成本的大小,该结果说明了降低物流成本对增加东亚区域内最终产品需求的重要性。

将最终产品细分为消费品和资本品后,从方程(5.5)和方程(5.6)可以看出这两个行业的类似与区别。各解释变量在两个行业中的符号是一致的。不论消费品还是资本品,对其需求有促进作用的因素有经济总量、区域性贸易协定、2008年金融危机、人均GDP差异,对其需求有阻碍作用的因素有人口规模、地理距离和1997年金融危机。但相比较而言,除了距离变量,其他各解释变量对于资本品需求的影响均大于消费品需求的影响。尤其是区域性贸易协定,对资本品需求的影响远远超过对消费品需求的影响。这说明,东亚已经生效的区域性贸易协定更多的是促进了资本品的贸易,东亚未来的区域性贸易协定应该更多的关注消费品贸易。而1997年金融危机对资本品的负影响也大于对消费品的负影响,间接说明汇率波动对资本品的影响大于对消费品的影响。距离变量对二者的显著差异充分说明运输成本对消费品需求的重要性,因此,如果要扩大区域内消费品需求,相比较资本品而言,更重要的是应该降低运输成本。

三、基本结论和建议

(一)基本结论

基于面板数据的引力模型分析结果表明:区域性贸易协定(RTA)、经济总量(双边GDP乘积)、2008年金融危机(CRISIS$_2$)和人均GDP差额绝对值对区域内最终产品需求起显著促进作用。人口规模、地理距离对区域内最终产品需求起显著阻碍作用,1997年金融危机也对区域内最终产品需求起阻碍作用,但不显著。从行业差别来看,除了距离变量之外,各解释变量对资本品需求的影响均大于对消费品需求的影响。

(二)扩大东亚区域内最终产品需求的建议

1. 加强现代物流建设与合作,降低物流成本

从研究结论来看,扩大东亚区域内最终产品需求,减小对外部市场的依赖,主要是应该增加区域内消费品的需求。而影响消费品需求最主要因素是距离因素,也就是运输成本因素。目前,东亚发展中经济体的物流水平仍相对较低,因此,各经济体应该加强现代物流建设与合作、降低各经济体之间的物流成本。

2. 加强东亚区域性贸易合作组织的发展

依据研究结论,区域性贸易组织东亚区域内最终产品需求增长有显著促进作用。各经济体之间应该致力于降低关税壁垒尤其是针对最终产品的关税,同时也要降低非关税壁垒,尤其是技术性贸易壁垒,切实为东亚区域内最终产品自由流通创造良好环境。

3. 加强金融合作,稳定汇率,为区域贸易创造良好的金融环境

依据研究结论,以汇率剧烈波动为特征的 1997 年金融危机对最终产品需求起阻碍作用。东亚区域缺乏一个有效防范汇率风险的货币体系,各经济体都受美元汇率波动的影响。因此,东亚各经济体未来应加强金融和政治合作,稳定汇率,为区域贸易创造良好的金融环境。

4. 发展经济,扩大各经济体自身规模是扩大区域性最终产品需求的根本

经济总量对最终产品需求的影响是非常显著的。而中国大陆和东盟四经济体(印度尼西亚、菲律、泰国、马来西亚)的经济发展水平仍然较低下,这制约了东亚区域内最终产品的需求。依据联合国贸促会数据库(UNCTAD*stat*),截至 2010 年,印度尼西亚和菲律宾的人均实际 GDP(以 2005 年为基期)为 1500 美元左右,中国大陆和泰国为 3000 美元左右,人均 GDP 最高的马来西亚也只有 6050 美元,这与日本(人均 GDP 为 36183 美元)、新加坡(33613 美元)、中国香港(30570 美元)、韩国(21119)、中国台湾(19299 美元)等经济体相比差距还很大。因此,东亚经济体尤其是中国大陆和东盟四经济体应该致力于提高经济发展水平来扩大对最终产品的需求。

本章小结

本章从宏观角度去研究产品内分工的企业所在的经济体如何规避或减少垂直专业化分工引起的经济的不稳定性。依据第五章的研究,东亚区域产品内分工体系的不稳定,一是由于垂直专业化分工本身的特性引起的,二是由于东亚区域最终产品对外部市场过度依赖造成的。因此,本章主要针对这两种原因引起的不稳定性提出未来增强东亚产品内分工体系稳定性的方向:一是扩大区域产业内水平分工;二是扩大区域内对最终产品的需求。

就东亚区域目前分工的整体特征而言,产品内分工是其最主要的分工形式,这形成了整个东亚分工体系不稳定和经济不稳定性的根源。依据控制论,水平分工比垂直专业化分工的稳定性要强得多,因此扩大产业内水平分工对产品内分工体系乃至整个东亚分工体系的稳定性都有重要意义。如何扩大东亚

产业内水平分工? 依据影响产业内水平分工的因素,笔者提出扩大东亚区域水平分工的政策建议。

扩大对最终产品的需求对于东亚产品内分工体系的稳定性是很重要的。如何扩大东亚区域内最终产品的需求? 笔者利用历史数据构建面板数据模型检验了影响东亚最终产品需求的影响因素,发现区域性贸易协定(RTA)、经济总量(双边 GDP 乘积)、2008 年金融危机(CRISIS$_2$)和人均 GDP 差额绝对值对区域内最终产品需求起显著促进作用。人口规模、地理距离对区域内最终产品需求起显著阻碍作用,1997 年金融危机也对区域内最终产品需求起阻碍作用,但不显著。因此,在未来,东亚区域内各经济体应致力于降低物流成本、发展区域性贸易合作组织、稳定汇率、扩大各自经济规模。

第六章

结论与未来研究展望

第一节　基本结论

　　本书从东亚产品内分工发展的历史及现状出发,分析了产品内分工快速发展的原因,提出了该种分工体系存在的稳定性方面的问题,最后给出了增强东亚产品内分工体系稳定性的方向选择。其基本结论如下。

一、关于东亚产品内分工发展变化的特征

　　若以经济体之间的零部件贸易量来度量产品内分工程度,东亚产品内分工发展具有以下特征:

　　(1) 自 1990 年以来,东亚区域零部件(出口)贸易占世界零部件贸易比重整体在增加,而北美自由贸易区和欧盟区域的零部件贸易占世界比重整体在下降。目前,东亚区域的零部件贸易量最大,占世界比重在三大区域(北美自由贸易区、欧盟和东亚)中居首位,为 46.3%,取代了欧盟自 1990 年以来的位置,几乎为世界零部件贸易量的一半,并且东亚区域产品内分工与贸易活动逐渐内部化。

　　(2) 从东亚区域内各经济体参与的产品内分工程度来看,无论以零部件出口所占区域比重还是以进口所占比重来考察,东亚区域中,变化最大的经济体是中国大陆和日本,中国大陆参与产品内分工的比重在逐渐增大,并跃为首位,

日本参与产品内分工的比重在逐渐减小,但仍占比较重要的地位。东盟各经济体参与产品内分工的比重基本处于增长态势,但整体水平比较低下。

(3)东亚区域各经济体在产品内分工体系中的地位也有变化。从东亚产品内分工的总体格局来看,20世纪90年代以后,逐渐由原来的 旧"三角贸易"变为"新三角贸易"。从零部件贸易来看,目前东亚区域内最大的零部件生产地是日本,其次是韩国和中国台湾,然后是东盟经济体马来西亚和菲律宾;目前东亚区域内零部件最大装配经济体是中国香港,然后是中国大陆、新加坡和泰国。从零部件出口竞争力来看,日本在高端零部件(资本密集型零部件)产品上仍具有极强的竞争力,在劳动密集型零部件中的专业科学仪器以及摄影器材、光学仪器、手表和钟表等也具有极强的竞争力。新兴工业经济体,如韩国、中国香港和新加坡等,在资本密集型零部件上也具有较强竞争力。中国大陆及东盟经济体在低端零部件(劳动密集型类零部件)出口上具有比较优势。中国大陆与东盟等发展中经济体的分工地位在不断提升。东亚不同经济体之间的零部件出口结构有一定程度的雷同。

二、关于东亚产品内分工的动因

(1)从分工与专业化经济学角度来看,分工与专业化一方面能获得收益,另一方面要受分工成本的约束。一般来说,对参与产品内分工的特定产品来说,进入国际或区域分工领域的工序和环节的多少可以由相对收益和成本的比较来决定,只有在某种工序或环节的收益高于成本时,该工序或环节才能进入国际或区域专业化分工。而对于特定产品的生产和供给整体以及整个社会进行分割生产的产品种类来说,也是如此。

(2)东亚产品内分工自20世纪90年代以来迅猛发展的原因为:一是由于规模经济和比较优势使得产品内分工利益增加。产品内分工是生产者不断追求最适生产规模来实现资源最优配置的必然选择。扩大的李嘉图模型说明产品内各个工序的生产按照比较优势进行国别或区域分工,可以让贸易各方获得更多的利益,这种分工的深化让一些仅具有某些要素禀赋比较优势的发展中经济体也能参与国际或区域分工,解释了东亚发展中国家和地区为什么也能生产和出口一些资本密集型和技术密集型产品。二是由于单次跨境交易成本的大幅度下降导致同一最终产品的所有工序的总交易成本下降。自20世纪90年代以来,东亚区域关税的普遍降低、交通运输成本的大幅度下降、通讯等信息交流费用的降低、贸易与投资便利化的大力发展、各经济体对产品内分工与贸易的鼓励政策等等这些因素都有力地降低了区域内跨境交易的成本,从而促进了该区域产品内分工与贸易的快速发展。

(3)面板数据模型分析结果与理论分析结果基本相符。模型研究表明:在东亚区域,经济体之间的劳动力人数差异的绝对值(代表劳动力禀赋差异)、经济体的工业生产规模、对外开放度、互联网用户数(代表基础设施建设水平)等变量对产品内分工与贸易具有显著性的促进作用。经济体之间的地理距离、制造业关税、2008年全球金融危机等变量对产品内分工与贸易具有显著性的阻碍作用。两经济体就业人员的人均GDP差额的绝对值变量(代表劳动生产率差异)对产品内分工也有阻碍作用但并不显著。

三、关于东亚产品内分工体系的稳定性

(1)产品内分工体系的稳定性有两种含义:一是封闭系统下,分工体系的完整性、不断裂与有效运转;二是开放条件下,随着社会生产力水平的提高,分工体系中的企业与企业之间建立一种友好合作关系的动态平衡。理论上,影响产品内分工体系(或全球供应链)稳定性的因素来源于两方面:一种是内生因素,一种是外生因素。内生因素引起的不稳定性是由分工特征决定的,取决于垂直分工体系上的成员企业与企业之间的相互作用,外生因素引起的不稳定性是由成员企业间相互作用的外部环境决定的。

(2)本书考虑以下两个因素引起东亚产品内分工体系的不稳定性:一是产品内分工的内在特性。产品内分工是一种垂直专业化分工,由于其分工特性,使得该体系具有天然的不稳定性。二是东亚区域对外部市场最终产品需求的高度依赖。

(3)从微观角度来看,垂直分工中上下游企业之间是一种串联关系,这种关系决定了整个分工体系的信息传递的总效率随着分工的深化而下降,系统的可靠性和稳定性也随之下降,并且在面临冲击时具有较强的脆弱性。从宏观角度来看,在跨国或跨地区产品内垂直专业化分工下,这些企业分布在不同的国家或地区,不同企业受到的影响会通过一国或一个地区的进出口部门从而影响到相关国家或地区的经济。当整个垂直分工体系不稳定时,这些节点企业所在

的国家或地区的经济也会受到不同程度的干扰,也会面临波动,给经济造成一定的损失。基于 Ariel Burstein 等(2008)的模型说明垂直专业化分工会加强经济体之间的经济周期协同关系。由此引出三个假说:两经济体之间垂直专业化水平越高,两经济体经济周期协同性越强;面临危机冲击时,一经济体参与国际或地区间垂直专业化生产程度越高,受冲击影响越大;面临外部冲击时,同一经济体内部垂直专业化水平越高的部门,受冲击影响也越大。实证分析支持第一和第三个假说,不完全支持第二个假说。

(4)东亚区域长期以来对外部市场的最终产品需求高度依赖,这个特征也使东亚产品内分工体系面临风险。一是外部市场的依赖使得东亚产品内分工体系中的每个成员都暴露于外部冲击中。外部市场需求的随机波动会引起整个分工体系的波动,这种波动沿着分工下游向上游经济体呈逐渐放大态势——即"牛鞭效应"在宏观上的表现。二是导致东亚区域经济体的贸易不平衡,进而引发一系列的问题,影响分工体系的稳定性。

四、关于增强东亚产业分工体系稳定性的方向选择及相关建议

(1)扩大区域产业内水平分工。就东亚区域目前分工的整体特征而言,产品内分工是其最主要的分工形式,这形成了整个东亚分工体系不稳定和经济不稳定性的根源,需要改进。依据控制论,水平分工比垂直专业化分工的稳定性要强得多,因此扩大产业内水平分工对产品内分工体系乃至整个东亚分工体系的稳定性都有重要意义。如何扩大东亚产业内水平分工?依据影响产业内水平分工的因素,笔者提出应该促进区域经济一体化发展尤其是促进经济发展水平相似的中国大陆与东盟之间的水平产业内贸易。

(2)扩大区域内对最终产品的需求。扩大对最终产品的需求对于东亚产品内分工体系的稳定性是很重要的。如何扩大东亚区域内最终产品的需求?笔者利用历史数据构建面板数据模型检验了影响东亚最终产品需求的影响因素,发现区域性贸易协定(RTA)、经济总量(双边 GDP 乘积)、2008 年金融危机(CRISIS$_2$)和人均 GDP 差额绝对值对区域内最终产品需求起显著促进作用。人口规模、地理距离对区域内最终产品需求起显著阻碍作用,1997 年金融危机也对区域内最终产品需求起阻碍作用,但不显著。因此,在未来,东亚区域内各经济体应致力于降低物流成本、发展区域性贸易合作组织、稳定汇率、扩大各自经济规模。

第二节　未来研究展望

　　关于产品内分工还有很多地方值得进一步深入研究：理论方面，是否能在一个统一的分析框架下给出国际或区域分工从产业间到产业内甚至产品内的演变原理，这是一个非常值得突破的内容；比较世界不同区域（如东亚地区与北美自由贸易区和欧盟）产品内分工体系的特征；关于产品内分工体系的稳定性理论基础的继续深入，构建评价产品内分工体系稳定性的指标体系；比较世界不同区域的产品内分工发展的影响因素区别；关于不同经济体参与产品内分工程度引起的经济周期协同性可以在更广阔的范围进行国或区域别分析；关于不同经济体参与产品内分工程度与其经济波动性之间的关系的国或区域别分析和行业分析也需要在更广阔的范围进行国或区域别数据检验；在产品内分工体系下，处于分工低端的发展中经济体和不发达经济体如何向分工上游发展；东亚区域各经济体的比较优势会发生何种变化，这些变化是否会引起未来整个东亚产品内分工体系的变化；等等。

参考文献

[1] Acemoglu D, Antras P, Helpman E. Contracts and the Division of Labor [R]. NBER Working Paper. No. 11356, Issued in May 2005.

[2] Acemoglu D, Antràs P, Helpman E. Contracts and Technology Adoption [J]. The American Economic Review, 2007(6): 916 – 943.

[3] Amighini A. China in the International Fragmentation of Production: Evidence from the ICT Industry [J]. The European Journal of Comparative Economics, 2005, 2(2): 203 – 219.

[4] Anand K, Anupindi R, Bassok Y. Strategic Inventories in Vertical Contracts[J]. Management Science, 2008, 54(10): 1792 – 1804.

[5] Antràs P. Incomplete Contracts and the Product Cycle [R]. NBER Working Paper. No. 9945, Issued in September 2003.

[6] Antràs P. Firms, Contracts, and Trade Structure[J]. The Quarterly Journal of Economics, 2003, 118(4): 1375 – 1418.

[7] Antràs P, Helpman E. Global Sourcing[R]. NBER Working Paper. No. 10082, Issued in November 2003.

[8] Antràs P, Helpman E. Contractual Frictions and Global Sourcing [R]. NBER Working Paper. No. 12747, Issued in December 2006.

[9] Arkolakis C, Ramanarayanan A. Vertical Specialization and International Business Cycle Synchronization [J]. The Scandinavian Journal of Economics, 2009, 111(4): 655 – 680.

[10] Arndt SW. Globalization and the Open Economy [J]. The North American Journal of Economics and Finance, 1997, 8(1): 71 – 79.

[11] Arndt SW. Super-Specialization and the Gains from Trade [J]. Contemporary Economic Policy, 1998, 16(4): 480 – 485.

[12] Arndt SW. Globalization and Economic Development [J]. Journal of International Trade & Economic Development, 1999, 8(3): 309 – 318.

[13] Arndt SW, Huemer A. Trade, Production Networks and the Exchange Rate[J]. Available at SSRN 900416, 2005.

[14] Athukorala P. Product Fragmentation and Trade Patterns in East Asia [J]. Asian Economic Papers, 2005, 4(3): 1 – 27.

[15] Athukorala P. Product Fragmentation and Trade Patterns in East Asia[R]. The Australian National University, Working Paper, 2003(2003/21).

[16] Athukorala P, Fukao K., Yuan T. Economic Transition and Labour Market Integration in China[J]. China's New Place in a World in Crisis, 2009: 179.

[17] Athukorala P, Yamashita N. Production Fragmentation and Trade Integration: East Asia in a Global Context[J]. The North American Journal of Economics and Finance, 2006, 17(3): 233 – 256.

[18] Balassa B, Bauwens L. Intra-industry specialisation in a multi-country and multi-industry framework [J]. The Economic Journal. 1987, 97 (388): 923 – 939.

[19] Baldone S, Sdogati F, Tajoli L. Patterns and Determinants of International Fragmentation of Production: Evidence from Outward Processing Trade Between the EU and Central Eastern European countries[J]. Review of World Economics, 2001, 137(1): 80 – 104.

[20] Baldwin R, Robert-Nicoud F. Offshoring: General Equilibrium Effects on Wages, Production and Trade [R]. National Bureau of Economic Research, 2007, No. w12991.

[21] Barnes-Schuster D, Bassok Y, Anupindi R. Coordination and Flexibility in Supply Contracts with Options [J]. Manufacturing & Service

Operations Management, 2002, 4(3): 171 – 207.

[22] Batra RN, Casas FR. Intermediate Products and the Pure Theory of International Trade: A Neo-Hecksher-Ohlin Framework [J]. The American Economic Review, 1973, 63(3): 297 – 311.

[23] Baxter M. International Trade and Business Cycles[J]. Handbook of International Economics, 1995, 3: 1801 – 1864.

[24] Baxter M, Kouparitsas MA. Determinants of Business Cycle Comovement: A Robust Analysis [J]. Journal of Monetary Economics, 2005, 52 (1): 113 – 157.

[25] Bems R, Johnson R C, Yi K. The Collapse of Global Trade: Update on the Role of Vertical Linkages[J]. The Great Trade Collapse: Causes, Consequences and Prospects, 2009,9: 79 – 86.

[26] Bems R, Johnson R C, Yi K. Vertical Linkages and the Collapse of Global Trade[J]. American Economic Review, 2011, 101(3): 308.

[27] Bems R, Johnson R, Yi K. The Role of Vertical Linkages in the Propagation of the Global Downturn of 2008[J]. IMF Economic Review, 2010, 58(2): 295 – 326.

[28] Bems R, Johnson R, Yi K. The Role of Vertical Linkages in the Propagation of the Global Downturn of 2008[J]. IMF Economic Review, 2010, 58(2): 295 – 326.

[29] Bernard AB, Eaton J, Jenson JB, et al. Plants and Productivity in International Trade[J]. NBER Working Paper. No. 7688, Issued in May 2000.

[30] Birnberg J G. Control in Interfirm Co-operative Relationships [J]. Journal of Management Studies, 2002, 35(4): 421 – 428.

[31] Bonus H. The Cooperative Association as a Business Enterprise: A Study in the Economics of Transactions [J]. Journal of Institutional and Theoretical Economics (JITE)/Zeitschrift für die gesamte Staatswissenschaft, 1986: 310 – 339.

[32] Brander J, Krugman P. A "Reciprocal Dumping" Model of International

Trade[J]. Journal of International Economics, 1983, 15(3): 313 - 321.

[33] Burstein A, Kurz C, Tesar L. Trade, Production Sharing, and the International Transmission of Business Cycles[J]. Journal of Monetary Economics, 2008, 55(4): 775 - 795.

[34] Cairncross F. The death of distance: How the Communications Revolution is Changing Our Lives[M]. MA: Harvard Business Press, 2001.

[35] Calderon C, Chong A, Stein E. Trade Intensity and Business Cycle Synchronization: Are Developing Countries Any Different? [J]. Journal of International Economics, 2007, 71(1): 2 - 21.

[36] Celi G. Vertical and Horizontal Intra-Industry Trade: What Is the Empirical Evidence for the UK[J]. Universita degli Studi di Salermo, Centro di Economia del Lavoro e di Politica Economica, Discussion Paper, 1999, 49.

[37] Chen F, Drezner Z, Ryan J K, et al. Quantifying the Bullwhip Effect in a Simple Supply Chain: The Impact of Forecasting, Lead times, and Information[J]. Management Science, 2000, 46(3): 436 - 443.

[38] Chen H, Kondratowicz M, Yi K. Vertical Specialization and Three Facts about US International Trade [J]. The North American Journal of Economics and Finance, 2005, 16(1): 35 - 59.

[39] Chen Y, Ishikawa J, Yu Z. Trade Liberalization and Strategic Outsourcing [J]. Journal of International Economics, 2004, 63(2): 419 - 436.

[40] Clark D P, Stanley D L. Determinants of Intraindustry Trade between the United States and Industrial Nations[J]. International Economic Journal, 2003, 17(3): 1 - 18.

[41] Clark T E, Van Wincoop E. Borders and Business Cycles[J]. Journal of International Economics, 2001, 55(1): 59 - 85.

[42] Costinot A. Contract Enforcement, Division of Labor, and the Pattern of Trade[M]. Mimeograph, Princeton University, 2005.

[43] Crespo N, Fontoura M P. Determinants of the Pattern of Horizontal and Vertical Intra-industry Trade: What Can We Learn from Portuguese

Data? [R]. DE Working papers, 2001: 0874 – 4548

[44] Crockford N. An Introduction to Risk Management, Woodhead-Faulkner [R]. ISBN 0 – 85941 – 332 – 2, 1986.

[45] Dean J, Fung K C, Wang Z. How Vertically Specialized is Chinese Trade? [R]. BOFIT Discussion Paper, 2008, NO. 31: 35.

[46] Deardorff A V. Fragmentation in Simple Trade Models[J]. The North American Journal of Economics and Finance, 2001, 12(2): 121 – 137.

[47] Deardorff A V. Fragmentation across Cones[J]. Fragmentation: New Production Patterns in the World Economy, 2001, 2: 35 – 51.

[48] Deardorff A V. International Provision of Trade Services, Trade, and Fragmentation[J]. Review of International Economics, 2002, 9(2): 233 – 248.

[49] Deardorff A V. A Trade Theorist's Take on Skilled-labor Outsourcing [J]. International Review of Economics & Finance, 2005, 14(3): 259 – 271.

[50] Deardorff A V. Ricardian Comparative Advantage with Intermediate Inputs[J]. The North American Journal of Economics and Finance, 2005, 16(1): 11 – 34.

[51] Deardorff A V. 7 Gains from Trade and Fragmentation[J]. Foreign Direct Investment and the Multinational Enterprise, 2005, 2: 155.

[52] Deardorff A V. Fragmentation in Simple Trade Models[J]. The North American Journal of Economics and Finance, 2001, 12(2): 121 – 137.

[53] Deardorff A V, Cheng L K, Kierzkowski H. Financial Crisis, Trade, and Fragmentation[M]. Global Production and Trade in East Asia. New York, Springer US, 2001: 9 – 31.

[54] Defever F. Functional Fragmentation and the Location of Multinational Firms in the Enlarged Europe [J]. Regional Science and Urban Economics, 2006, 36(5): 658 – 677.

[55] Di Giovanni J, Levchenko A A. Putting the Parts Together: Trade, Vertical Linkages, and Business Cycle Comovement [J]. American

Economic Journal: Macroeconomics, 2010, 2(2): 95 - 124.

[56] Dixit A K, Grossman G M. Trade and Protection with Multistage Production [J]. The Review of Economic Studies, 1982, 49(4): 583 - 594.

[57] Dixit A K, Stiglitz J E. Monopolistic Competition and Optimum Product Diversity[J]. The American Economic Review, 1977, 67(3): 297 - 308.

[58] Dluhosch B. Intraindustry Trade and the Gains from Fragmentation[J]. The North American Journal of Economics and Finance, 2006, 17(1): 49 - 64.

[59] Eaton J, Kortum S. Technology, Geography, and Trade[J]. Econometrica, 2004, 70(5): 1741 - 1779.

[60] Egger H, Egger P. The Determinants of EU Processing Trade[J]. The World Economy, 2005, 28(2): 147 - 168.

[61] Egger H, Falkinger J. The Role of Public Infrastructure and Subsidies for Firm Location and International Outsourcing[J]. European Economic Review, 2006, 50(8): 1993 - 2015.

[62] Eichengreen B, Tong H. How China is Reorganizing the World Economy [J]. Asian Economic Policy Review, 2006, 1(1): 73 - 97.

[63] Ethier W J. National and International Returns to Scale in the Modern Theory of International Trade[J]. The American Economic Review, 1982, 72(3): 389 - 405.

[64] Feenstra R C, Hanson G H. Globalization, Outsourcing, and Wage Inequality[R]. NBER Working Paper, No. 5424, Issued in 1996.

[65] Feenstra R C, Hanson G H. The Impact of Outsourcing and High-Technology Capital on Wages: Estimates for the United States, 1979 - 1990[J]. The Quarterly Journal of Economics, 1999, 114(3): 907 - 940.

[66] Feenstra R C, Hanson G H. Ownership and Control in Outsourcing to China: Estimating the Property-rights Theory of the Firm[R]. National Bureau of Economic Research, 2004. No. w10198.

[67] Feenstra R C, Hanson G H. The Impact of Outsourcing and High-Technology Capital on Wages: Estimates for the United States, 1979 - 1990[J]. The Quarterly Journal of Economics, 1999, 114(3): 907 - 940.

[68] Feenstra R C, Hanson G H. Prouctivity Measurement and the Impact of Trade and Technology on Wages: Estimates for the US, 1972—1990 [R]. National Bureau of Economic Research ,1997, No. w6052.

[69] Feenstra R C, Spencer B J. Contractual versus Generic Outsourcing: The Role of Proximity[R]. NBER Working Paper, No. 11885, Issued in December 2005.

[70] Feenstra R, Hanson G. Global Production Sharing and Rising Inequality: A Survey of Trade and Wages[R]. NBER Working Paper, No. 837, Issued in July 2001.

[71] Ferrantino M J, Larsen A. 19. Transmission of the Global Recession through US Trade[J]. The Great Trade Collapse: Causes, Consequences and Prospects. 2009,19: 171.

[72] Filippini C, Molini V. The Determinants of East Asian Trade Flows: A Gravity Equation Approach[J]. Journal of Asian Economics, 2003, 14 (5): 695 – 711.

[73] Finch P. Supply Chain Risk Management[J]. Supply Chain Management: An International Journal, 2004, 9(2): 183 – 196.

[74] Findlay R, Jones R W. Input Trade and the Location of Production[J]. American Economic Review, 2001,91(2): 29 – 33.

[75] Fontagné L, Freudenberg M, Gaulier G. A Systematic Decomposition of World Trade into Horizontal and Vertical IIT [J]. Review of World Economics, 2006, 142(3): 459 – 475.

[76] Forrester J W. Industrial Dynamics [M]. 2 ed. MA: MIT Press Cambridge, 1961.

[77] Frankel J A, Romer D. Does trade cause growth? [J]. American Economic Review, 1999,89(3): 379 – 399.

[78] Frankel J A, Rose A K. The Endogenity of the Optimum Currency Area Criteria[J]. The Economic Journal, 1998, 108(449): 1009 – 1025.

[79] Geishecker I, Gorg H. Services Offshoring and Wages: Evidence from Micro Data[R]. IZA Discussion Paper,No. 3593, 2008: 17.

[80] Görg H. Fragmentation and Trade: US inward Processing Trade in the EU[J]. Review of World Economics, 2000, 136(3): 403 - 422.

[81] Greenaway D, Hine R, Milner C. Vertical and Horizontal Intra-industry Trade: a cross Industry Analysis for the United Kingdom [J]. The Economic Journal, 1995, 105(105): 1505 - 1518.

[82] Grossman G M, Helpman E. Outsourcing in A Global Economy[J]. The Review of Economic Studies, 2005, 72(1): 135 - 159.

[83] Grossman G M, Helpman E. Outsourcing versus FDI in Industry Equilibrium[J]. Journal of the European Economic Association, 2003, 1(2 - 3): 317 - 327.

[84] Grossman G M, Helpman E. Managerial Incentives and the International Organization of Production [J]. Journal of International Economics, 2004, 63(2): 237 - 262.

[85] Grossman S J, Hart O D. The Costs and Benefits of Ownership: A Theory of Vertical and Lateral Integration[J]. The Journal of Political Economy, 1986: 691 - 719.

[86] Hallikas J, Karvonen I, Pulkkinen U, et al. Risk Management Processes in Supplier Networks[J]. International Journal of Production Economics, 2004, 90(1): 47 - 58.

[87] Hanson G H, Mataloni R J, Slaughter M J. Expansion abroad and the Domestic Operations of US Multinational Firms[R]. Tuck School of Business, Dartmouth Working Paper. 2003.

[88] Harland C, Brenchley R, Walker H. Risk in Supply Networks[J]. Journal of Purchasing and Supply Management, 2003, 9(2): 51 - 62.

[89] Harris J. Caring for Citizenship[J]. British Journal of Social Work, 2002, 32(3): 267 - 281.

[90] Hayakawa K, Kimura F. The Effect of Exchange Rate Volatility on International Trade in East Asia [J]. Journal of the Japanese and International Economies, 2009, 23(4): 395 - 406.

[91] Hellvin L. Vertical Intra-industry Trade between China and OECD

Countries[J]. Oecd Development Centre Working Papers, NO. 114, Issued in July 1996.

[92] Hofstede G, Hofstede G J, Michael. M. Cultures and Organizations [M]. London: McGraw-Hill, 1991.

[93] Hummels D. Have International Transportation Costs Declined? [J]. University of Chicago. 1999.

[94] Hummels D, Ishii J, Yi K. The Nature and Growth of Vertical Specialization in World Trade[J]. Journal of International Economics, 2001, 54(1): 75 - 96.

[95] Hummels D, Rapoport D, Yi K. Vertical Specialization and the Changing Nature of World Trade[J]. Economic Policy Review, 1998, 4(2).

[96] Ishii J, Yi K M. The Growth of World Trade[R]. USA: Federal Reserve Bank of New York, 1997.

[97] Johnson R C, Noguera G. Accounting for Intermediates: Production Sharing and Trade in Value Added [J]. Journal of International Economics, 2012, 86(2): 224 - 236.

[98] Jones R W. Globalization and the Fragmentation of Production[R]. Conference Papers and Presentations, 2001.

[99] Jones R W, Kierzkowski H. A Framework for Fragmentation[R]. Conference Papers and Presentations(10th IIFET 2000), 2001.

[100] Jones R W, Kierzkowski H. Globalization and the Consequences of International Fragmentation [J]. Money, Capital Mobility, and Trade: Essays in Honor of Robert A. mundell, 2004,10: 365.

[101] Jones R, Kierzkowski H, Lurong C. What does Evidence Tell us about Fragmentation and Outsourcing? [J]. International Review of Economics & Finance, 2005, 14(3): 305 - 316.

[102] Jugurnath B, Stewart M, Brooks R. Asia/Pacific Regional Trade Agreements: An Empirical Study[J]. Journal of Asian Economics, 2007, 18(6): 974 - 987.

[103] Jüttner U, Peck H, Christopher M. Supply Chain Risk Management:

Outlining an Agenda for Future Research[J]. International Journal of Logistics: Research and Applications, 2003, 6(4): 197 – 210.

[104] Kandogan Y. Intra-industry Trade of Transition Countries: Trends and Determinants[J]. Emerging Markets Review, 2003, 4(3): 273 – 286.

[105] Kehoe D K B P, Kydland F E. International Business Cycles: Theory vs. Evidence[R]. NBER Working Paper, No. 4493, Issued in October 1993.

[106] Kim T Y, Oh K J, Sohn I, et al. Usefulness of Artificial Neural Networks for Early Warning System of Economic Crisis[J]. Expert Systems with Applications, 2004, 26(4): 583 – 590.

[107] Kimura F, Ando M. Fragmentation and Agglomeration Matter: Japanese Multinationals in Latin America and East Asia[J]. The North American Journal of Economics and Finance, 2003, 14(3): 287 – 317.

[108] Kimura F, Takahashi Y, Hayakawa K. Fragmentation and Parts and Components Trade: Comparison between East Asia and Europe[J]. The North American Journal of Economics and Finance, 2007, 18(1): 23 – 40.

[109] Kindleberger C P. Foreign Trade and the National Economy[M]. New Haven: Yale University Press, 1962.

[110] Klein B, Crawford R G, Alchian A A. Vertical Integration, Appropriable Rents, and the Competitive Contracting Process[J]. Journal of Law and Economics, 1978, 21(2): 297 – 326.

[111] Kleindorfer P R, Saad G H. Managing Disruption Risks in Supply Chains[J]. Production and Operations Management, 2009, 14(1): 53 – 68.

[112] Kohler W. International Outsourcing and Factor Prices with Multistage Production[J]. The Economic Journal, 2004, 114(494): C166 – C185.

[113] Kose M A, Yi K. International Trade and Business Cycles: Is Vertical Specialization the Missing Link? [J]. The American Economic Review, 2001, 91(2): 371 – 375.

[114] Kose M A, Yi K. Can the Standard International Business Cycle Model Explain the Relation between Trade and Comovement? [J]. Journal of

International Economics, 2006, 68(2): 267 – 295.

[115] Krugman P R. Increasing Returns, Monopolistic Competition, and International trade[J]. Journal of international Economics, 1979, 9(4): 469 – 479.

[116] Lall S, Albaladejo M, Zhang J. Mapping Fragmentation: Electronics and Automobiles in East Asia and Latin America [J]. Oxford Development Studies, 2004, 32(3): 407 – 432.

[117] Lancaster K. Intra-industry Trade under Perfect Monopolistic Competition [J]. Journal of International Economics, 1980, 10(2): 151 – 175.

[118] Lee H L, Padmanabhan V, Whang S. The Bullwhip Effect In Supply Chains[J]. Sloan management review, 1997, 38(3): 93 – 102.

[119] Levchenko A A. Institutional Quality and International Trade[J]. The Review of Economic Studies, 2007, 74(3): 791 – 819.

[120] Linnemann H. An econometric Study of International Trade Flows[M]. North-Holland Publishing Company Amsterdam, 1966.

[121] Lonsdale C. Effectively Managing Vertical Supply Relationships: A Risk Management Model for Outsourcing [J]. Supply Chain Management: An International Journal, 1999, 4(4): 176 – 183.

[122] Lundgren N. Bulk Trade and Maritime Transport costs: The Evolution of Global Markets[J]. Resources Policy, 1996, 22(1): 5 – 32.

[123] Mclaren J. "Globalization" and Vertical Structure [J]. American Economic Review, 2000,90(5): 1239 – 1254.

[124] Meltzer A H. Monetary and other Explanations of the Start of the Great Depression [J]. Journal of Monetary Economics, 1976, 2(4):455 – 471.

[125] Mitchell V W. Organizational Risk Perception and Reduction: A Literature Review[J]. British Journal of Management, 1995, 6(2): 115 – 133.

[126] Mölders F, Volz U. Trade Creation and the Status of FTAs: Empirical Evidence from East Asia[J]. Review of World Economics. 2011, 147(3): 429 – 456.

[127] Montenegro C E, Soto R. How Distorted Is Cuba's Trade? Evidence and predictions from a Gravity Model[J]. Journal of International Trade & Economic Development. 1996, 5(1): 45 - 68.

[128] Ng F, Yeats A. Production Sharing in East Asia: Who does What for Whom, and Why? [M]. Global production and trade in East Asia. New York, Springer US, 2001: 63 - 109.

[129] Ng F, Yeats A. Major Trade Trends in East Asia[J]. World Bank Policy Research Working Paper, 2003, 3084: 57.

[130] Norrman A, Lindroth R. Categorization of Supply Chain Risk and Risk Management[M]. Supply Chain Risk. Burlington, Ashgate, 2004: 14 - 27.

[131] Nunn N. Relationship-specificity, Incomplete Contracts, and the Pattern of Trade[J]. The Quarterly Journal of Economics, 2007, 122(2): 569 - 600.

[132] Peck H. Drivers of Supply Chain Vulnerability: An Integrated Framework [J]. International Journal of Physical Distribution & Logistics Management, 2005, 35(4): 210 - 232.

[133] Prater E, Biehl M, Smith M A. International Supply Chain Agility-Tradeoffs between Flexibility and Uncertainty[J]. International Journal of Operations & Production Management, 2001, 21(5/6): 823 - 839.

[134] Richardson G B. Information and Investment[M]. Oxford: Oxford University Press, 1960.

[135] Rodríguez-Clare A. Offshoring in a Ricardian World [J]. NBER Working Paper, No. 13203, Issued in June 2007.

[136] Ruane F, Görg H. Globalization and Fragmentation: Evidence for the Electronics Industry in Ireland[J]. Fragmentation: New Production Patterns in the World Economy, 2001, 3: 144 - 164.

[137] Sanyal K K, Jones R W. The Theory of Trade in Middle Products[J]. The American Economic Review, 1982, 72(1): 16 - 31.

[138] Simchi-Levi D, Simchi-Levi E, Kaminsky P. Designing and Managing the Supply Chain: Concepts, Strategies, and Cases[M]. OH: McGraw-

Hill Companies, 1999.

[139] Spencer B J. International Outsourcing and Incomplete Contracts[J]. Canadian Journal of Economics/Revue Canadienne d'économique, 2005, 38(4): 1107 – 1135.

[140] Sterman J D. System Dynamics Modeling for Project Management[J]. Unpublished Manuscript, Cambridge, MA. 1992.

[141] Thorbecke W. How elastic is East Asian demand for consumption goods? [J]. Review of International Economics, 2010, 19 (5): 950 – 962.

[142] Tinbergen J. Shaping the World Economy: Suggestions for an International Economic Policy[M]. NY: Twentieth Century Fund, 1962.

[143] Towill D R. Industrial Dynamics Modelling of Supply Chains [J]. Logistics Information Management, 1996, 9(4): 43 – 56.

[144] Williams C A, Heins R M, Willaims C A. Risk Management and Insurance[M]. New York: McGraw-Hill, 1998.

[145] Wong C, Eng Y. International Business Cycle Co-movement and Vertical Specialization Reconsidered in Multistage Bayesian DSGE model [J]. International Review of Economics & Finance, 2012.

[146] Yang X, Wills I. A model formalizing the Theory of Property Rights [J]. Journal of Comparative Economics, 1990, 14(2): 177 – 198.

[147] Yi K M. Can Vertical Specialization Explain the Growth of World Trade? [J]. Journal of political Economy, 2003, 111(1): 52 – 102.

[148] Yim J, Mitchell H. Comparison of Country Risk Models: Hybrid Neural Networks, Logit Models, Discriminant Analysis and Cluster Techniques [J]. Expert Systems with Applications, 2005, 28 (1): 137 – 148.

[149] Yoshino M Y, Rangan U S. Strategic Alliances: an Entrepreneurial Approach to Globalization[M]. MA: Harvard Business Press, 1995.

[150] Zeddies G. Determinants of International Fragmentation of Production in European Union[J]. Empirica, 2011, 38(4): 511 – 537.

[151] 奥利弗 E. 威廉姆森. 资本主义经济制度[M].北京：商务印书馆,2002.

[152] 布坎南,韩旭. 财产与自由[M].北京：中国社会科学出版社,2002.

[153] 陈宏,韩轶. 间接经济效益的波及效应和摄动效应分析[J]. 管理科学学报. 2002,5(004)：68－76.

[154] 陈平. 劳动分工的起源和制约——从斯密困境到广义斯密原理[J]. 经济学(季刊). 2002,1(2)：1－24.

[155] 楚扬杰,王先甲,吴秀君,等. 供应链信息共享的道德风险研究[J]. 武汉理工大学学报：信息与管理工程版. 2006,28(2)：86－88.

[156] 戴魁早. 产业垂直专业化的驱动因素研究——基于中国高技术产业的实证检验[J]. 财贸研究. 2011(4)：30－39.

[157] 樊辉. 我国与其他东亚经济体产业内贸易影响因素的实证研究[J]. 南京财经大学学报. 2005(002)：32－35.

[158] 范爱军,刘馨遥. 中国与东亚和美国贸易差额联动效应分析[J]. 南开经济研究. 2011(6)：75－85.

[159] 高越. 产品内分工与我国加工贸易的结构升级[J]. 对外经贸实务. 2006(2)：3－6.

[160] 高越,高峰. 产品内贸易与外商直接投资的关系[J]. 数量经济技术经济研究. 2006(8)：98－104

[161] 葛飞秀. 汇率波动对东亚地区贸易流量的影响——基于动态面板数据的分析[J]. 现代管理科学. 2011(11)：82－85.

[162] 韩金红.东亚区域内最终产品需求的影响因素分析.世界经济研究[J],2013(2)：80－87

[163] 侯增艳. 产品内分工与贸易的决定因素——基于贸易理论和不完全契约理论相结合的分析[D]. 天津：南开大学,2009.

[164] 胡宜挺. 分工的限制因素市场范围,交易费用与风险[J]. 商业时代. 2012(26)：14－16.

[165] 胡昭玲,张蕊.中国制造业参与产品内分工的影响因素分析[J]. 世界经济研究. 2008(3)：3.

[166] 黄晶. 产业内垂直分工研究——基于产业组织的视角和中国的实证[D].广州：暨南大学,2009.

[167] 科斯. 论生产的制度结构[M].盛洪,译.上海:上海三联书店,1994:1-24.

[168] 雷战波,袁彩燕,刘二鹏. 基于 UML 的供应链危机预警支持系统的建模与开发[J]. 系统工程. 2005,22(12):38-43.

[169] 梁燕华,王京芳,葛晓梅. 供应链危机预警指标体系的研究[J]. 情报杂志. 2006,25(5):24-25.

[170] 刘嘉,吴志军,郁鼎文,等. 基于供应链风险管理的供应商评价体系研究[J]. 制造技术与机床. 2005(5):99-102.

[171] 刘利民,崔日明. 我国各行业国际产品内贸易发展水平——基于垂直专业化指数法的测算[J]. 国际经贸探索. 2011,27(4):9-14.

[172] 刘晓明. 基于港口供应链的风险预警与实证探究[J]. 物流技术. 2008,27(11):96-100.

[173] 刘永胜. 供应链风险预警机制[M]. 中国物资出版社,2007.

[174] 刘永胜,杜红平. 供应链风险预警机制的构建[J]. 中国流通经济. 2006,20(8):15-18.

[175] 刘志彪,刘晓昶. 垂直专业化:经济全球化中的贸易和生产模式[J]. 经济理论与经济管理. 2001,10(18):3.

[176] 柳剑平,孙云华. 垂直专业化分工与中国对东亚经济体的贸易逆差[J]. 世界经济研究. 2006,7:16-23.

[177] 卢锋. 产品内分工[J]. 经济学. 2004,4(001):55-82.

[178] 卢万青. 我国贸易顺差的成因及变动趋势——基于东亚产品内分工的新视角[J]. 国际贸易问题. 2009(007):61-70.

[179] 马丽,张光明. 供应链风险预警管理研究[J]. 价值工程. 2008,2:69-72.

[180] 马林. 基于 SCOR 模型的供应链风险识别,评估与一体化管理研究[D].杭州:浙江大学,2005.

[181] 马歇尔,Marshall Alfred,朱志泰,等. 经济学原理[M].北京:商务印书馆,1965.

[182] 迈克尔,托达罗. 发展经济学(第六版)[M].北京:中国经济出版社,1999.

[183] 孟祺,隋杨. 垂直专业化与全要素生产率——基于工业行业的面板数据分析[J]. 山西财经大学学报. 2010(01):58-64.

[184] 彭支伟,白雪飞. 服务联系成本,基础设施建设和东亚垂直分工:1992—2006[J]. 世界经济研究. 2010(6):75 - 80.

[185] 平新乔. 产业内贸易理论与中美贸易关系[J]. 国际经济评论. 2006(5):12 - 14.

[186] 平新乔. 垂直专门化,产业内贸易与中美贸易关系[J]. CCER Working Paper Series. 2005(C2005005):2005205.

[187] 平新乔,郝朝艳. 中国出口贸易中的垂直专门化与中美贸易[J]. 世界经济. 2006,5:3 - 11.

[188] 蒲华林. 产品内分工与贸易——基于中国贸易增长的经验研究[D]. 广州:暨南大学,2009

[189] 蒲华林,张捷. 产品内分工与产品内贸易——一个基于汽车产品的实例分析[J]. 国际贸易问题. 2007(11):29 - 34.

[190] 邱斌,唐保庆,孙少勤. FDI,生产非一体化与美中贸易逆差[J]. 世界经济. 2007,30(5):33 - 43.

[191] 桑圣举,王炬香,杨阳. 供应链风险管理的研究与发展[J]. 工业技术经济. 2006,25(9):116 - 120.

[192] 盛洪. 分工与交易[M]. 上海:上海人民出版社,2006

[193] 盛洪. 分工与交易:一个一般理论及其对中国非专业化问题的应用分析[M]. 上海三联书店,1992.

[194] 盛洪. 分工的限制因素:市场范围、交易费用与风险[J]. 商业时代,2012(26):14 - 16.

[195] 舒良友. 制造商为核心的供应链风险形成机理与订单完成优化模型研究[D]. 成都:西南交通大学,2009.

[196] 孙文远. 产品内分工刍议[J]. 国际贸易问题. 2006,6:20 - 24.

[197] 田文. 产品内贸易论[M]. 北京:经济科学出版社,2006.

[198] 托达罗,史密斯,余向华,等. 发展经济学[M]. 北京:机械工业出版社,2009.

[199] 王长元. 论金融发展中的效率与风险[D]. 武汉:华中师范大学,2000.

[200] 王峰. 东亚区域内贸易扩张的影响因素分析——来自中国的经验数据[J]. 经济与管理研究. 2009(12):33 - 39.

[201] 王中华,赵曙东. 中国工业参与国际垂直专业化分工影响因素的实证分析[J]. 上海经济研究. 2009(8)：3-12.

[202] 威廉姆森.资本主义经济制度[M].北京：商务印书馆,2004.

[203] 威廉姆森.交易成本经济学——经典名篇选读[M].西安：陕西人民出版社,2008.

[204] 文东伟,冼国明. 中国制造业的垂直专业化与出口增长[J]. 经济学. 2010, 9(001)：467-494.

[205] 吴丹. 东亚双边进口贸易流量与潜力：基于贸易引力模型的实证研究[J]. 国际贸易问题. 2009(5)：32-36.

[206] 吴福象. 经济全球化中制造业垂直分离的研究[J]. 财经科学. 2005(3)：113-120.

[207] 徐红晖. 论供应链风险管理[J]. 物流科技. 2003, 26(3)：17-18.

[208] 徐攀峰. 国际产品内分工下我国加工贸易发展研究[D]. 长沙：湖南大学,2006.

[209] 杨丹,张宝仁. 东亚因素对中美贸易失衡影响的定性与定量分析[J]. 国际贸易问题. 2012(10)：97-104.

[210] 杨小凯. 劳动分工网络的超边际分析[M]. 北京：北京大学出版社, 2002.

[211] 杨小凯. 经济控制论初步[M].长沙：湖南人民出版社,1984.

[212] 杨小凯,张永生. 新兴古典经济学与超边际分析[M].北京：社会科学文献出版社,2003.

[213] 张炳轩,李龙洙,都忠诚. 供应链的风险及分配模型[J]. 数量经济技术经济研究. 2001, 9：92-95.

[214] 张纪. 产品内分工——动因，机制与效应研究 [D]. 上海：上海社会科学院. 2007.

[215] 张纪. 产品内分工的内在动因——理论模型与基于中国省际面板数据的实证研究[J]. 数量经济技术经济研究. 2008, 24(12)：39-48.

[216] 张路路. 基于产品内分工的中美贸易利益研究[D]. 长沙：湖南大学,2006.

[217] 张五常. 经济组织与交易成本[J]. 新帕尔格雷夫经济学大辞典 E～J

[M]. 北京：经济科学出版社，1996.

[218] 张小蒂,孙景蔚. 基于垂直专业化分工的中国产业国际竞争力分析[J]. 世界经济. 2006，5：12-21.

[219] 张彦如,陈敬贤,郑泉,等. 基于偏好的供应链不确定型风险模糊评估方法研究[J]. 运筹与管理. 2008，17(1)：69-73.

[220] 章丽群. 产业内贸易理论演进[J]. 国际商务研究. 2011(3)：14-21.

[221] 赵吉博,杨晓玲,雷战波. 基于平衡记分卡的敏捷供应链危机预警系统[J]. 统计与决策. 2005(03X)：13-15.

[222] 朱至瑜. 中国在东亚新型分工体系中的地位和作用[D]. 北京：北京大学,2008.

后　记

本书是在我的博士论文基础上修改而成的。从写作到出版，几经周折。尽管本书经历了多次修改，仍有不尽如人意之处，令我忐忑不安。但毕竟是我博士期间对东亚产品内分工体系动因及稳定性问题的思考和探索，希望以此抛砖引玉。

看着这本书，三年的博士生活历历在目。2010年的秋天，我拎着大包小包来到了想象中美丽的上海，开始了我的博士生涯。每一段日子都是那么的刻骨铭心。我遇到了我人生中最好的导师，遇到了人生中最志同道合的朋友，一起学习和生活，给我留下了许多美好的回忆。而这三年，我的人生也发生了很多变化。我失去了我的至亲——父亲，让我痛彻心扉；我完成了人生中最重要的手术，重新获得了一次生命，让我对所有人充满了感激。

博士论文是对自己博士学习期间研究内容的很好的总结和报告。鉴于自己对东亚地区经济的兴趣，我选择了东亚地区10个经济体的产业分工作为研究对象。二战以后，该地区的产业分工逐渐深化，自己一直想用一个统一的框架对这种变化加以分析。同时，2008年金融危机期间该地区的惊人的贸易萎缩也吸引了很多人的注意。将这两点联系在一起，我最终定下了本书的研究对象：东亚产品内分工，并且关注于两点：一是该地区产品内分工的动因，二是该分工体系的稳定性。计划首先解释产品内分工快速发展的原因，然后分析这种分工体系的稳定性（实际上是分析该体系面临的风险），最后提出增强其稳定性的建议。虽然写作步骤和计划很明确，但真正撰写时，有很多的困难，尤其是其中涉及的数据非常庞大，搜集工作量很大。曾经一度想放弃，但还是在导师的耐心指导下坚持了下来。虽然论文完成了，但与自己初期的预想有很大出入。不过，忠诚于研究的本质，虽然知道自己的研究有很多缺陷，我还是把它呈现出来，希望能得到大家的批评和指正。在未来，关于该研究，我还将继续深入。

在这里，我首先要感谢我的导师陈建安教授和师母胡荣花教授。陈老师谦虚谨慎，宁静致远，让我知道学海无涯，只有谦虚努力才能有收获。同时他对学生慈爱有加，师母也对我们充满了关心和爱护。尤其是在手术期间，是他们给了我无上的勇气，让我闯过了人生中最重要的关头。我对他们的感激之情是无法用语言表达的。在人生新的旅途中，他们将是我永远的最尊敬的导师。同时，也要感谢唐朱昌教授和丁纯教授，在开题答辩和预答辩中给我提出了很多中肯的意见和建议。

我还要感谢我的同窗好友。与室友徐蕾、温茜茜、徐静以及同班石燕博士、赵新博士、徐杰博士、邵晓博士、陆长伟博士经常一起探讨学术问题，也畅谈人生的酸甜苦辣，留下了无数美丽的瞬间，汇聚成了永久美好的回忆。尤其在我生病期间，也给了我很多的帮助和鼓励，在此一一感谢。邵晓博士、陆长伟博士给我的论文提出了很多很好的意见和建议，在此表示感谢。我的同门师兄师姐和师弟师妹在我生病期间给予了很多关怀和帮助。在此特别感谢贡慧、黄晴宇、孙亚轩、卢之垠、唐文萍博士对我的关怀和照顾。

我的家人尤其是丈夫在我读博期间给予了无私的支持和帮助，几乎承担了全部照顾孩子的任务。撰写博士论文期间，我脾气急躁，经常冲他发无名火，然而他都一一包容和化解，在这里，我要深深地致歉和感谢。对于儿子，我有许多的愧疚，在他人生成长很重要的阶段，我远离他来到了上海，使得他失去了享受母爱的机会，未来的日子里，希望他能快乐健康成长。

博士论文写完，是学术生涯一段日子的结束，也是另一段生活的起点，未来的日子，吾将继续努力，热爱生活，享受生活！

韩金红

2016 年 1 月

索　引

191